매일 입고 싶은
핸드메이드 여성복 만들기

이토 미치요 저

HANDIS

Introduction

간단하게 만들 수 있는 것부터 손이 조금 많이 가는 것까지..

누구나 입기 쉬운 예쁜 라인의 옷을

고민해 왔습니다.

내 손으로 만들어 매일 입고 싶은 옷을

초보자도 알기 쉽도록,

컬러 사진으로 만드는 방법을 자세하게 소개하고 있습니다.

함께 만들어 보지 않겠습니까?

각 작품마다 설명에 적어놓은 추천 원단도

참고해주시면 좋겠습니다.

직접 만들어 더욱 애착이 가는 소중한 옷으로

하루하루 즐겨주신다면 기쁠 것 같습니다.

이토 미치요 드림

Contents

How to make p.31~

a

시보리 블라우스
Photo p.6

b

주름 포켓 가우초팬츠
Photo p.8

c

사이드 지퍼 블라우스
Photo p.10

d

2way 랩원피스
Photo p.12

e

리본 칼라 원피스
Photo p.14

f

A라인 스커트
Photo p.16

g

2way 멜빵바지
Photo p.18

h

반소매 후드 티셔츠
Photo p.20

i

반소매 티셔츠
Photo p.21

j

스탠드 칼라 롱 블라우스
Photo p.22

k

벌룬 스커트
Photo p.24

l

플레어 스커트
Photo p.25

m

슬리브리스 원피스
Photo p.26

n

라운드 칼라 블라우스
Photo p.28

a

시보리 블라우스

세로 스트라이프 무늬의 코튼 원단과 신축성이 있는 시보리를 매치하여 스포티한 귀여움을 연출한 블라우스입니다. 팔부 소매이지만 소매의 시보리를 걷어 올리면 풍성한 소매가 연출됩니다. 시보리에 주름이 생기기 때문에 너무 두껍지 않은 원단을 고르는 것을 추천합니다.

How to make p.34

주름 포켓 가우초팬츠

주머니 입구의 주름이 포인트인 가우초팬츠입니다. 주머니의 주름이 허리의 주름과 자연스럽게 조화를 이룹니다. 워싱 가공이 된 원단은 비치지 않으면서도 부드러워 주름 잡기에 좋습니다. 너무 두꺼운 원단은 주머니 제작이 힘들 수 있으니 적당한 두께의 원단으로 선택해주세요.

How to make p.37

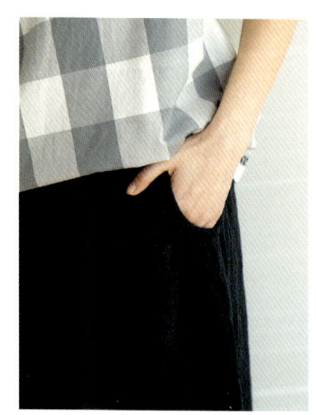

C

사이드 지퍼 블라우스

밑단에 턱 주름을 넣었기 때문에 입고 벗기 편하도록 옆선에 지퍼를 달았습니다. 자수 원단을 사용하면 사랑스럽고 품격있는 블라우스가 완성됩니다. 취향에 맞는 원단을 골라 완성해보세요.

How to make p.41

2way 랩원피스

몸판 허리에 턱 장식을 주어 앞·뒤 구분 없이 입을 수 있는 2way 랩원피스입니다. 어른스러운 분위기의 롱스커트에 원단은 리넨 데님을 사용했습니다. 힘이 있는 원단을 사용하면 더욱 매력 있는 분위기가 연출됩니다.

How to make p.44

e

리본 칼라 원피스

심플하지만 여러 디테일이 들어간 원피스입니다. 앞몸판에 다트를 넣고 소매는 벨 슬리브로 고급스러운 실루엣을 완성했습니다. 리본 칼라는 리본 매듭을 묶거나 1번만 묶어 늘어뜨리는 등 다양하게 연출할 수 있습니다. 디자인과 어울리는 예쁜 옐로우 베이스에 잔잔한 도트무늬 원단을 사용했습니다. 실루엣이 심플하기 때문에 무늬가 있는 원단, 무지 원단 모두 잘 어울립니다.

How to make p.49

A라인 스커트

고급스럽게 입을 수 있도록 무릎 아래 길이로 만든 스커트입니다. 뒤허리에 탭 장식을 달아 포인트를 주었습니다. 두께감이 있는 튼튼한 북유럽풍 무늬의 원단으로 만들었으며, 캔버스 원단이나 조금 힘이 있는 원단을 사용하면 예쁜 라인이 나옵니다. 다양한 원단을 사용하여 스커트를 만들어 보세요.

How to make p.52

2way 멜빵바지

가슴덧단을 떼어낼 수 있어 멜빵바지와 마린팬츠 2가지 방법으로 입을 수 있습니다. 앞부분은 절개선과 단추로 세로 라인을 강조하고, 뒷부분은 고무줄을 넣어 입고 벗기 편하게 만들었습니다. 고민과 심혈을 기울인 멜빵바지는 어른스러운 리넨 데님으로 만들었습니다. 절개와 단추 디테일이 돋보일 수 있도록 무지 원단으로 만드는 것을 추천합니다.

How to make p.55

h

반소매 후드 티셔츠

래글런 소매의 귀여운 반소매 후드 티셔츠입니다. 앞트임이 없는 후드는 자연스럽게 목 주변을 덮어주는 디자인입니다. 어떤 무늬든 상관없이, 다이마루 원단이나 기모 원단 등 니트 원단이라면 모두 잘 어울립니다.

How to make p.60

i

반소매 티셔츠

h 작품에서 후드 대신 목둘레에 시보리를 달아 만들었습니다. 선명한 파란색 원단으로 만들어 하나만 입어도 포인트가 됩니다. 입었을 때 칼라가 조금 세워지는 것이 더욱더 귀여워 보입니다. 무늬 원단으로도 만들어 다양하게 즐겨보세요.

How to make p.60

스탠드 칼라
롱 블라우스

양 옆선에 깊은 트임이 있어 움직이기 편하고 겉옷으로도 활용 가능한 롱 블라우스입니다. 목둘레에 많은 주름을 넣어 우아한 분위기를 연출했습니다. 소매에 탭을 달아 소매를 걷어 올릴 수 있도록 디테일에 신경을 썼습니다. 다양한 원단을 사용하면 사계절 내내 입을 수 있는 아이템입니다.

How to make p.63

k

벌룬 스커트

간단하게 만들 수 있는 허리 고무줄 스커트에 주머니를 달고 밑단에 주름을 잡아 벌룬 모양이 예쁘게 나오게 만든 스커트입니다. 힘이 있는 원단으로 만드는 것을 추천합니다. 무늬 원단도 좋지만, 무지 원단으로 만들어도 예쁜 디자인입니다.

How to make p.68

플레어 스커트

k 작품의 밑단에 주름을 넣지 않고 제작하면 플레어 스커트가 완성됩니다. 화사한 색상의 리넨 원단을 사용했습니다. 원단의 두께에 따라 조금씩 바뀌는 실루엣을 즐겨보세요.

How to make p.68

슬리브리스 원피스

옆선에 절개가 들어간 슬리브리스 원피스입니다. 그냥 입으면 박스 실루엣이 되고, 허리에 끈을 감으면 플레어 스커트 같은 실루엣이 연출됩니다. 여름의 해변 같은 밝고 예쁜 색감의 리넨 원단을 사용했습니다. 다양한 색과 무늬의 원단을 골라 만들어보세요.

How to make p.72

n

라운드 칼라 블라우스

칼라의 크기와 모양을 신경 써서 만든 라운드 칼라 블라우스입니다. 탱크톱이나 캐미솔 같은 간단힌 이너에 겉옷저림 걸쳐 입기 좋습니다. 네이비 색상에 핀도트 무늬 원단을 사용해 너무 가볍지 않은 이미지로 완성했습니다.

How to make p.76

How to make

〈제작의 기초 이해하기〉

· 작품은 부록인 실물크기 패턴을 사용하여 만듭니다. 직선으로 된 패턴은 각 재단배치도에 기재된 치수를 참고하여 직접 제도하여 사용합니다.

· 재단배치도의 원단량은 표준량입니다. 사용할 원단에 따라 요척이 바뀌기 때문에 참고해주세요. 또, 무늬나 소재에 방향성이 있는 원단을 사용하는 경우 등은 여유를 가지고 원단을 준비해주세요.

· 원단에 모든 패턴을 배치하고, 확인한 후 재단해주세요.

· 제작 설명서 안의 숫자의 단위는 cm입니다.

〈채촌 치수〉 (단위:cm)

아래의 표와 완성 사이즈를 참고해주세요. 모델은 키 170cm로 M 사이즈를 착용했습니다. p.18의 2way 멜빵바지만 팬츠길이를 5cm 길게 한 작품을 착용했습니다.

	S	M	L	LL
가슴둘레	79	83	89	95
허리둘레	63	67	73	79
엉덩이둘레	86	90	96	102
키	153 ~ 160		160 ~ 167	

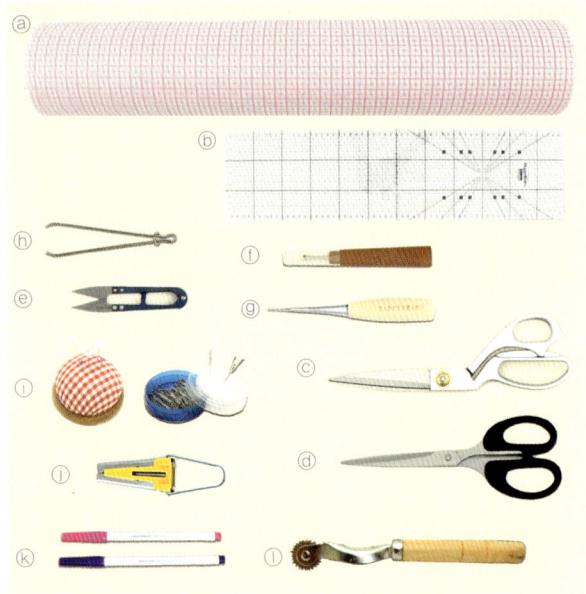

[필요한 도구]

ⓐ 패턴지　　모눈 처리가 되어있어 작업이 용이하고, 패턴을 베낄 때 사용됩니다
ⓑ 방안자　　원단에 직접 선을 그리는 경우나 치수를 재는 데 사용합니다. 방안 라인이 들어간 것은 시접을 달 때 편리합니다
ⓒ 재단가위　원단 재단에 사용하는 전용 가위로 자신의 손에 맞는 크기로 가위를 사용하는 것이 좋습니다. 원단 이외의 것을 자르면 날이 손상되기 쉽기 때문에 주의해주세요
ⓓ 종이가위　패턴(종이나 부직포)을 자를 때 사용합니다
ⓔ 쪽가위　　가윗집을 주거나 실을 자를 때 사용합니다
ⓕ 실뜯개　　봉제가 잘못되어 바늘땀을 뜯어야 할 때나, 단춧구멍을 뚫을 때 유용하게 사용합니다
ⓖ 송곳　　　미싱으로 봉합할 원단을 밀어주거나 모서리를 꺼낼 때 사용합니다
ⓗ 고무줄 끼우개　작품에 고무줄이나 끈을 끼워넣을 때 편리하게 작업할 수 있습니다
ⓘ 시침핀&핀쿠션　시침핀은 옷감을 고정하거나 입체 재단 시 사용합니다. 구슬핀, 실크핀 등 용도에 따라서 사용하세요. 핀쿠션은 자주 사용하는 시침핀, 바늘 등을 적당량 꽂아두고 필요할 때 바로 사용하세요
ⓙ 바이어스메이커　바이어스테이프를 만들 때 사용합니다
ⓚ 펜초크　　원단에 마름선을 표시하거나 수정할 때 사용합니다. 물로 지워지거나 시간이 지나면 지워지는 타입 등 다양합니다. 처음에는 원단 끝에 시험해 보고 사용하세요
ⓛ 룰렛　　　톱니를 굴려 원단에 마킹합니다. 초크페이퍼와 함께 사용하세요

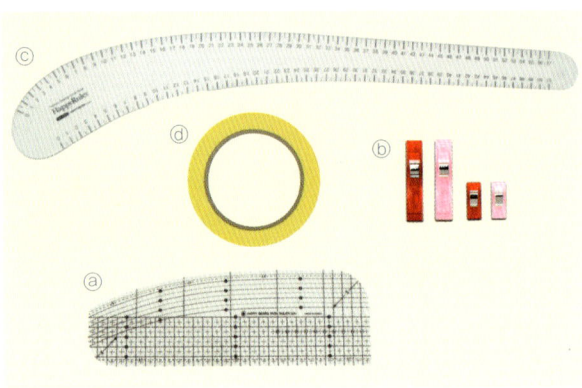

[있으면 편리한 도구]

ⓐ 아이론 시접자　정확한 치수체크와 함께 다림질로 손쉽게 시접 부분을 만들 수 있도록 도와주는 열에 강한 시접자입니다
ⓑ 소잉 클립　시침핀 작업이 어려운 니트 원단에는 소잉 클립을 사용하면 좋습니다
ⓒ 곡자　　한쪽 끝이 곡을 이루고 있는 자로 스커트 옆선, 소매 옆선, 절개선, 다트 등을 그리는 데 주로 사용합니다
ⓓ 워셔블 매직 테이프　물세탁으로 제거할 수 있는 양면테이프입니다. 주로 지퍼에 사용됩니다

[원단에 대해서]

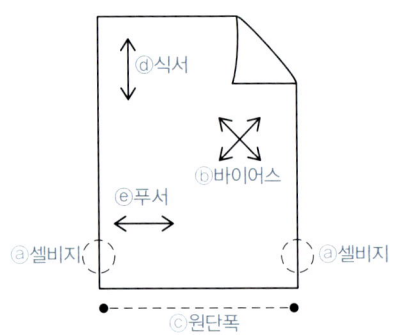

ⓐ 셀비지　원단의 양 끝의 올이 풀리지 않는 부분
ⓑ 바이어스　셀비지에 대하여 비스듬한 방향. 셀비지에 대하여 45도를 정바이어스라고 한다. 가장 원단이 잘 늘어난다
ⓒ 원단폭　원단의 셀비지에서 셀비지까지의 길이
ⓓ 식서　원단의 세로실 방향. 셀비지에 대하여 평행인 방향
ⓔ 푸서　원단의 가로실 방향. 셀비지에 대하여 수직인 방향
※일반적으로 푸서는 식서보다 잘 늘어난다

[선세탁하기]

막 산 원단은 올 방향이 비뚤어져 있는 일이 있습니다. 그 상태로 옷을 만들고 세탁하게 되면 실루엣이 흐트러지거나 좌우가 언밸런스하게 되어 버리는 일도 있습니다. 이것을 방지하기 위해 재단 전에 미리 세탁하고, 가로실과 세로실이 직각이 되도록 정리하는 것을 선세탁이라고 합니다.

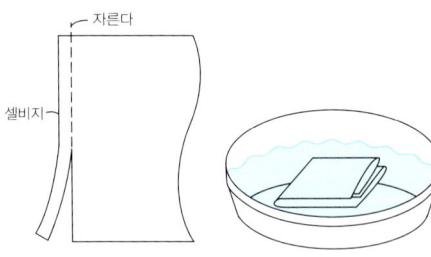 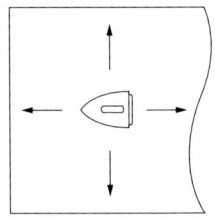

① 원단 끝에 있는 셀비지를 잘라낸다
② 물에 담궈 짠 후, 그늘에서 반쯤 마를 때까지 기다린다
※니트원단의 경우에는 늘어나버리기 때문에 탈수는 가볍게 하고, 평평한 곳에 놓아서 말린다
③ 올이 직각이 되도록 모서리를 당겨 정리한다. 안쪽에서 세로, 가로 방향으로 다림질을 한다

[패턴에 대해서]

패턴에 사용되고있는 선과 기호

ⓐ 완성선 ————————
  작품의 최종적인 완성선

ⓑ 골선 — — — — —
  원단을 반으로 접어 재단할 때, 원단의 접음선 부분에 맞추는 선

ⓒ 주름 ∼∼∼∼∼
  원단의 주름을 잡아서 줄이는 부분. 파선(물결선) 위치에 큰 땀으로 두 줄 봉합하고, 실을 당겨 지정된 길이로 맞춘다

ⓓ 식서 방향(올 방향)
  원단의 셀비지를 좌우로 놓았을 때의 방향이 식서 방향.
  원단의 식서 방향과 패턴의 식서 방향을 맞춘다

ⓔ 맞춤점(너치)
  원단을 맞출 때, 어긋나지 않도록 하기 위한 안내 표시.
  맞춤점이 2개 이상 있는 경우에는 기호가 다르기 때문에 주의하여 베낀다

ⓕ 대조하여 맞춘다
  길이가 긴 패턴은 분리되어 패턴이 기재되어있기 때문에 맞춤점을 맞춰 한 장으로 연결하여 재단한다

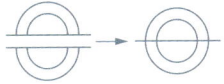

ⓖ 턱
  원단을 접어서 만드는 주름.
  원단을 겉에서 보았을 때 사선의 높은 쪽에서 낮은 쪽을 향해 접는다

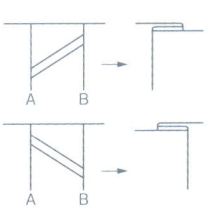

ⓗ 다트선
  신체의 자연스러운 입체감을 내기 위해 원단을 잡아 줄이는 것.
  V라인을 맞춰 봉합하고, 다트의 끝은 되돌아박기가 아닌 매듭묶기를 한다

패턴 베끼는 방법

① 만들고 싶은 작품과 사이즈가 결정되면 실물크기 패턴의 필요한 패턴에 눈에 띄는 색으로 표시를 해두면 베끼기 쉽습니다.
② 실물크기 패턴 위에 패턴지를 겹치고, 자를 사용해 ①의 패턴선과 맞춤점이나 올 방향선 등 모든 표시를 베낍니다.
③ 패턴을 전부 베낍니다.
④ 실물크기 패턴이나 재단배치도에 적힌 시접량을 확인하고, 직선은 자를 대고, 곡선은 커브를 따라 세세하게 표시를 주어 선을 연결합니다.
⑤ 재단선을 전부 그려줍니다.
⑥ 재단선을 따라 자릅니다.

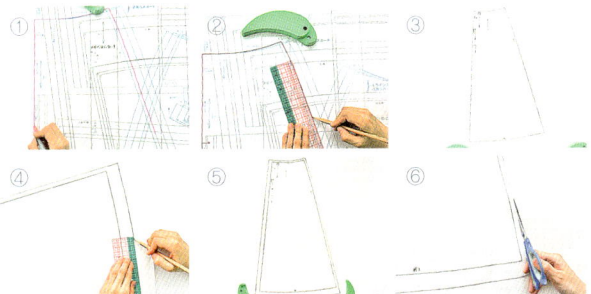

몸판 밑단, 소매 밑단 재단하는 방법

작품의 밑단은 시접이 부족하거나 남거나 하지 않도록 주의가 필요합니다.

〈밑단〉
① 완성선으로 접고, 옆의 시접선을 따라 자릅니다
② 이렇게 하면 시접이 남지 않습니다

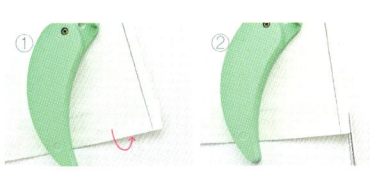

〈소매 밑단〉
① 소매 옆선과 소매 밑단에 시접선을 그려 둡니다.
② 완성선으로 접고, 소매 옆선의 시접선을 따라 자릅니다. 이렇게 하면 시접이 부족하지 않습니다.

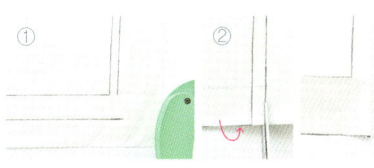

[단춧구멍 만드는 방법]

단춧구멍의 길이는 [단추의 지름+단추의 두께]로 합니다. 패턴에는 단추 다는 위치만이 기록되어 있는 작품도 있습니다. 단춧구멍은 단추 다는 위치에서 0.2∼0.3cm 위·옆에서부터 만들기 시작해 주세요.

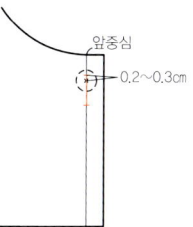

Point

스트라이프, 체크 무늬 원단을 재단할 때
조금씩 맞물려서 모양을 맞춥니다. 모양이 어긋나버리지 않도록 주의해주세요.

몸판은 1장을 재단하고 나서 거기에 무늬를 맞춰 다른 한 장을 재단하면 좋습니다. 사진에서는 뒷몸판 재단을 마치고 옆선과 밑단을 뒷몸판에 맞춰 앞몸판을 재단하려고 하고 있습니다. 소매의 무늬를 맞출 때는 맞춤점에 맞춰주세요.

주름을 봉합할 때
① 큰 땀으로 봉합한 실 두 줄을 함께 당겨 주름을 잡았다면, 그 실을 시침핀에 감아두면 주름을 고정할 수 있습니다.
② 완성선을 봉합할 때는 큰 땀으로 봉합한 실 끝이 본봉의 바늘땀에 얽히기 쉽기 때문에 끝을 적당히 자르면 봉합하기 쉽습니다.

a
시보리 블라우스
Photo p.6

michiyo's advice

시보리를 봉합할 때는 니트용 실이 아닌
일반 실로도 가능합니다.
단, 미싱 바늘은 니트 원단용으로 사용하세요.

[완성 사이즈]
* 왼쪽에서부터 S/M/L/LL사이즈
* 옷길이 55/56/58/59㎝
* 화장길이(뒷목중심에서부터) 67/68/70/72㎝

[재료]
* 겉감(하프 리넨 스트라이프)…105㎝폭×200㎝
* 시보리(면 30수 스판 후라이스 무지)…90㎝폭×20㎝

실물크기 패턴 B면

[재단배치도]
* 지정 이외의 시접은 1㎝
* 커프스는 직접 제도하여 사용합니다
* 왼쪽에서부터 S/M/L/LL 사이즈
  1개만 작성된 숫자는 4사이즈 공통

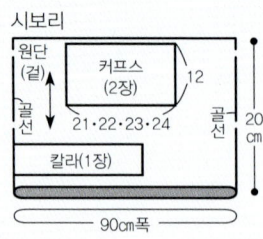

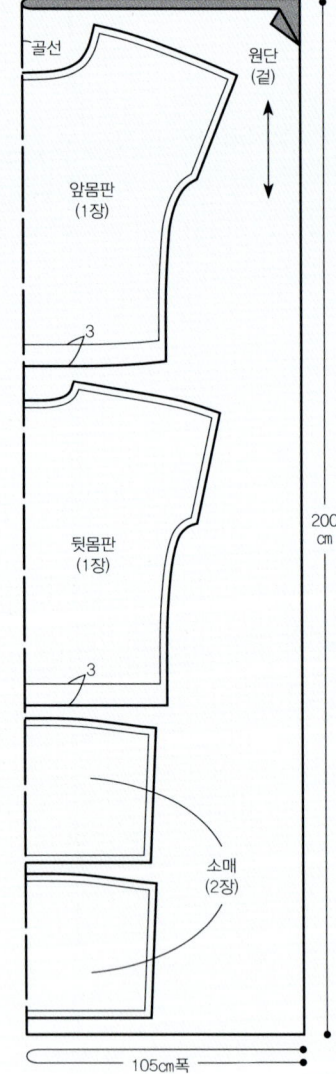

[몸판의 어깨를 봉합한다]

1

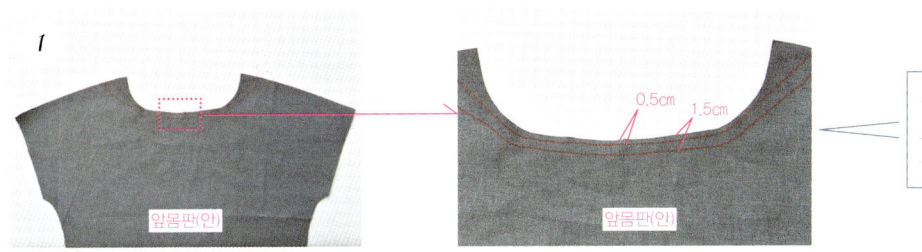

앞몸판의 주름 잡는 곳에 큰 땀으로 두 줄 봉합한다

Point
주름 끝점에서 1cm 더 나아가 봉합하면 주름을 쉽게 잡을 수 있습니다

2

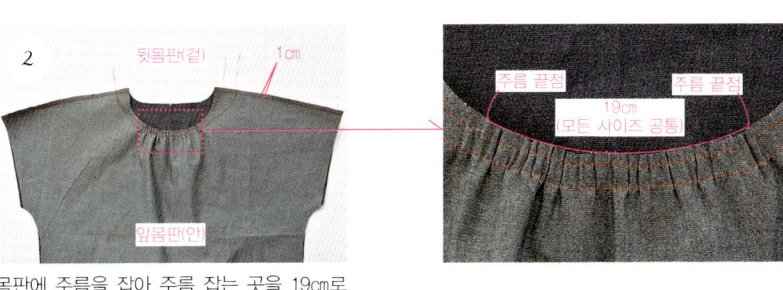

몸판에 주름을 잡아 주름 잡는 곳을 19cm로 맞춘 뒤, 앞·뒷몸판을 겉끼리 맞대고 어깨를 봉합한다

3

어깨 시접을 지그재그봉합 또는 오버록 통솔처리한 뒤, 뒷몸판쪽으로 넘긴다

[몸판에 소매를 단다]

4

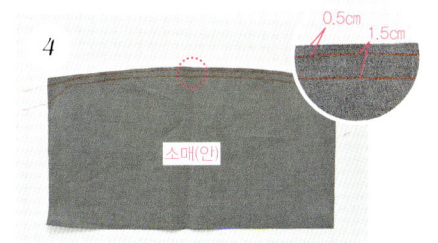

소매의 주름 잡는 곳에 큰 땀으로 두 줄 봉합한다

5

몸판과 소매를 겉끼리 맞대고, 암홀둘레에 맞춰 소매에 주름을 잡고 암홀둘레를 봉합한다

6

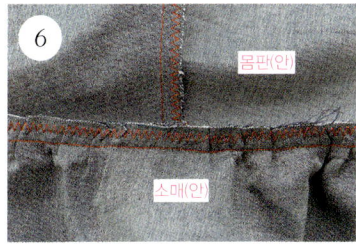

암홀둘레 시접을 지그재그봉합 또는 오버록 통솔처리한 뒤, 몸판쪽으로 넘긴다

[몸판과 소매의 옆선을 한 번에 이어서 봉합한다]

7

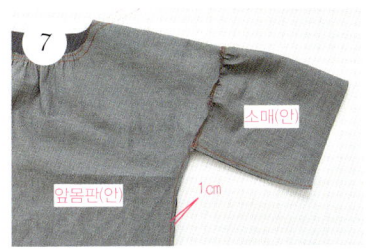

앞·뒷몸판과 소매를 각각 겉끼리 맞대고, 몸판과 소매의 옆선을 한 번에 이어서 봉합한다

8

몸판과 소매의 옆선 시접을 지그재그봉합 또는 오버록 통솔처리한 뒤, 뒤쪽으로 넘긴다

[몸판의 밑단을 정리한다]

9

몸판의 밑단 시접을 1cm, 2cm 두 번 접어 상침한다

[몸판에는 칼라, 소매에는 커프스를 단다]

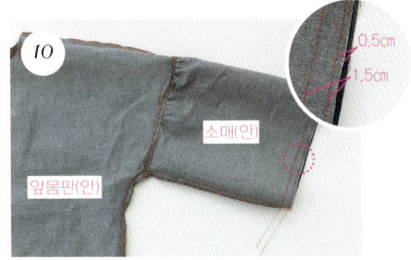

소매 밑단에 큰 땀으로 두 줄 봉합한다

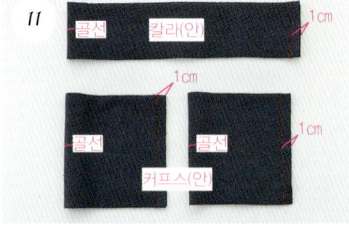

커프스와 칼라를 겉끼리 맞닿게 반으로 접어 옆선을 봉합한다

Point

[바늘]니트 원단을 봉합할 때, 일반 미싱 바늘로 봉합하면 원단이 손상될 수 있으므로 끝이 둥근 니트 원단용 미싱 바늘을 사용해주세요
[실] 이 작품에서는 늘어나는 니트 원단과 늘어나지 않는 직기 원단을 함께 사용해 만들었기 때문에 프라임 실을 사용해도 원단이 많이 늘어나지 않습니다

*판매처 : 패션스타트, 심플소잉, 퀼트스타

Memo

중심에 가윗집을 주면 접기가 쉬워요!

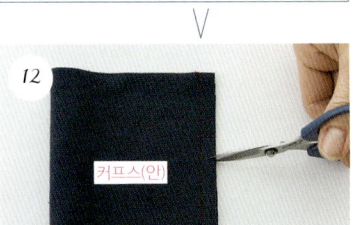

옆선 시접 중심에 가윗집을 주고 가름솔한 뒤, 안끼리 맞닿게 반으로 접는다

소매 밑단에 주름을 잡아 둘레를 26cm로 맞춘다

소매 겉쪽으로 커프스를 넣어 겉끼리 맞댄다. 소매와 커프스의 옆선을 맞추고, 소매 밑단의 중심과 커프스의 중심을 맞춰 시침핀을 꽂아 고정한다

위·아래도 시침핀을 꽂아 고정한다

소매를 겉이 보이게 놓은 뒤, 소매 밑단의 길이에 맞춰 시보리를 늘리고, 송곳으로 주름을 잡아가면서 안쪽을 보며 봉합한다

10에서 큰 땀으로 두 줄 봉합한 실을 제거한다. 시접을 늘려가면서 지그재그봉합 또는 오버록 통솔처리한다

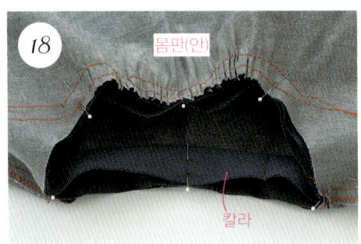

칼라의 옆선 시접을 가름솔한 뒤, 칼라를 겉끼리 맞닿게 반으로 접고, 몸판 겉쪽으로 칼라를 넣어 겉끼리 맞댄다. 몸판의 뒷중심과 칼라의 옆선을 맞추고, 앞중심과 어깨, 그리고 그 사이를 맞춰 시침핀을 꽂아 고정한다

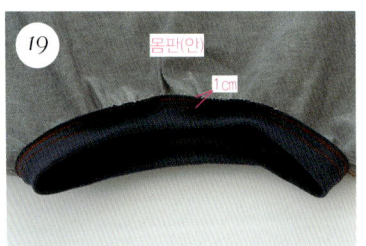

몸판을 겉이 보이게 놓은 뒤, 목둘레를 봉합하고 1에서 앞몸판의 큰 땀으로 두 줄 봉합한 실을 제거하고 나서 시접을 지그재그봉합 또는 오버록 통솔처리한다

Finish!

b

주름 포켓 가우초팬츠
Photo p.8

 주름을 잡은 주머니가 포인트입니다.
조급하게 만들지 말고 신중하게 순서대로
만들어주세요.

[완성 사이즈]
* 왼쪽에서부터 S/M/L/LL사이즈
* 허리둘레(고무줄을 달기 전 사이즈) 120/123/129/135cm
* 팬츠길이 79.5/81.5/85.5/86.5cm

[재료]
* 왼쪽에서부터 S·M/L·LL사이즈
* 겉감(면 캔버스 트리플 위사)…108cm폭×240/250cm
* 고무줄…2.5cm폭×70cm(허리둘레에 맞춰 조절)

실물크기 패턴 C면

[재단배치도]
* 지정 이외의 시접은 1cm
* 바이어스천은 직접 제도하여 사용합니다

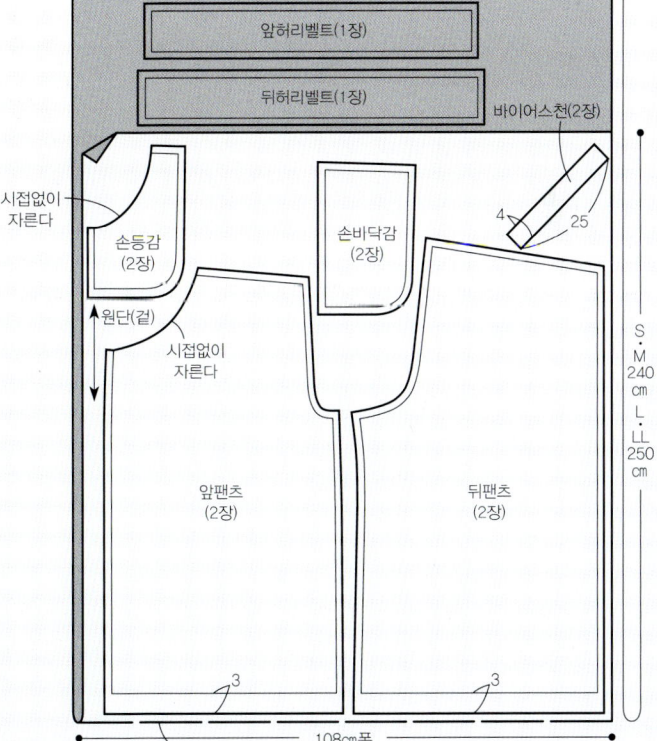

[팬츠에 주머니를 단다]

1. 앞팬츠의 주름 잡는 곳에 큰 땀으로 두 줄 봉합한다

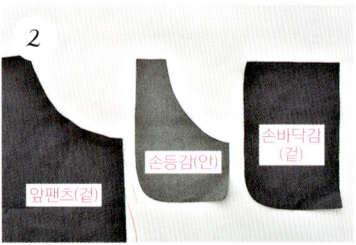

2. 팬츠의 주머니 패턴을 준비한다

> **Memo**
> 이 팬츠의 주머니는 앞팬츠, 손등감, 손바닥감이 겹쳐있는 구조로 되어있습니다

3. 앞팬츠와 손등감을 안끼리 맞대고, 맞춤점을 맞춰 시침핀으로 고정한다

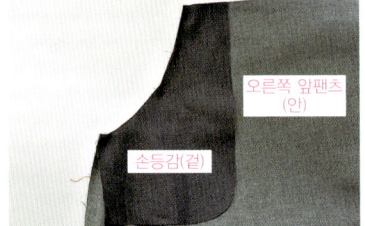

안쪽에서 본 모습

4. 손등감에 맞춰 앞팬츠에 주름을 잡는다

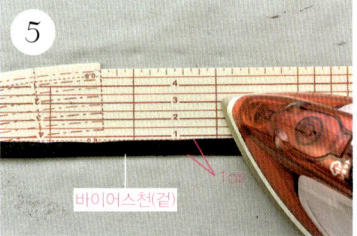

5. 바이어스천의 아래쪽을 1cm 안으로 접는다

6. 바이어스천과 손등감을 겉끼리 맞대고, 시침핀으로 고정한다

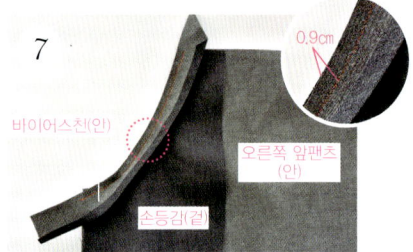

7. 끝에서 0.9cm를 봉합하고 큰 땀으로 두 줄 봉합한 실을 제거한다

8. 바이어스천을 팬츠 겉쪽으로 넘겨 시접을 감싸고, 시침핀으로 고정한다

9. 상침한다

10. 손등감 위에 손바닥감을 겉끼리 맞대어 겹친다

11. 손등감과 손바닥감의 둘레를 봉합하고 시접을 지그재그봉합 또는 오버록 통솔처리한다

※반대쪽도 *1~11*과정과 같은 방법으로 만든다

[팬츠의 옆선과 밑아래를 봉합하고, 밑단을 정리한다]

12

앞·뒤팬츠를 겉끼리 맞대고, 옆선을 시침핀으로 고정한다

13

바이어스천의 여분은 잘라내고, 옆선을 봉합한 뒤, 시접을 지그재그봉합 또는 오버록 통솔처리한다

14

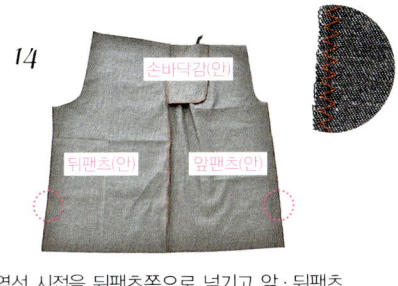

옆선 시접을 뒤팬츠쪽으로 넘기고 앞·뒤팬츠의 밑아래 시접에 지그재그봉제 또는 오버록 처리한다

15

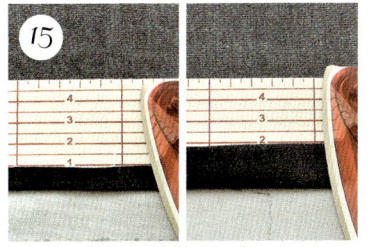

밑단을 1cm, 2cm 두 번 접는다

16

밑단의 시접을 펼쳐 앞·뒤팬츠를 겉끼리 맞대고 밑아래를 봉합한다

17

시접을 가름솔하고 밑단을 다시 접어 상침한다. 오른쪽·왼쪽 팬츠를 각각 만든다

[팬츠의 밑위를 봉합한다]

18

오른쪽·왼쪽 팬츠를 겉끼리 맞대고, 시침핀으로 고정한다

19

밑위를 봉합하고, 시접을 지그재그봉합 또는 오버록 통솔처리한다

[팬츠에 허리벨트를 단다]

20. 앞·뒤허리벨트를 겉끼리 맞대고, 양 옆선을 봉합한다. 사진처럼 오른쪽 옆선에 고무줄 통로 입구를 3.5cm 남긴다

21. 허리벨트의 시접을 가름솔하고, 팬츠 안과 허리벨트 겉을 맞대고 시침핀으로 고정한다. 주머니가 겹치는 곳은 클립으로 고정한다

22. 허리둘레를 봉합한다

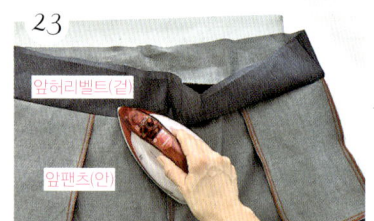

23. 허리벨트를 다리미로 다린 후, 시접은 허리벨트쪽으로 넘긴다

Point
허리벨트를 접어 올리고, 위를 향해 다리미로 다리면 깔끔하게 접입니다

24. 팬츠를 겉으로 뒤집고, 허리벨트의 위 끝을 안쪽으로 1cm 접는다

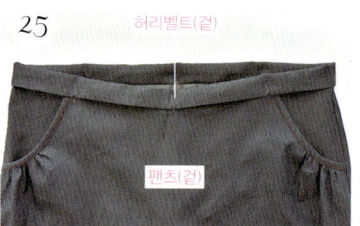

25. 허리벨트를 반으로 접어 시접을 감싼다

26. 허리벨트의 위·아래를 상침한다

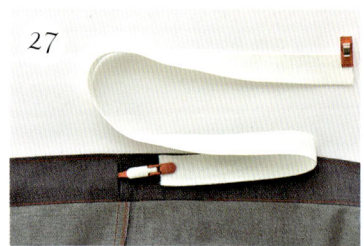

27. 고무줄 통로 입구를 통해 고무줄을 통과시킨다. 고무줄 끝은 고무줄 통로 입구에 들어가지 않도록 클립으로 고정한다

28. 허리둘레에 맞춰 고무줄 길이를 조절하고, 양 끝을 겹쳐 N자로 고정 봉합한다

Finish!

C

사이드 지퍼 블라우스

Photo p.10

 콘실지퍼를 사용해 봅시다. 지퍼달기와 턱 장식을 배울 수 있고, 몸판과 소매가 연결된 패턴으로 만들기 쉬운 디자인입니다.

[완성 사이즈]
* 왼쪽에서부터 S/M/L/LL사이즈
* 밑단둘레 88/91/97/103㎝
* 옷길이 51.5/52.5/54.5/55.5㎝
* 화장길이(뒷목중심에서부터) 44/45/46.5/48㎝

[재료]
* 왼쪽에서부터 S·M/L·LL사이즈
* 겉감(코튼 리넨)…105㎝폭×170/180㎝
* 접착심(소잉심지)…90㎝폭×30㎝
* 소잉테이프 심지…1㎝폭×40㎝
* 워셔블 매직 테이프…∩ 5㎝폭×30㎝
* 콘실지퍼…20㎝길이 1개

실물크기 패턴 D면

[재단배치도]
* 지정 이외의 시접은 1㎝
* 밑단 안단은 직접 제도하여 사용합니다
* 왼쪽에서부터 S/M/L/LL 사이즈 1개만 작성된 숫자는 4사이즈 공통

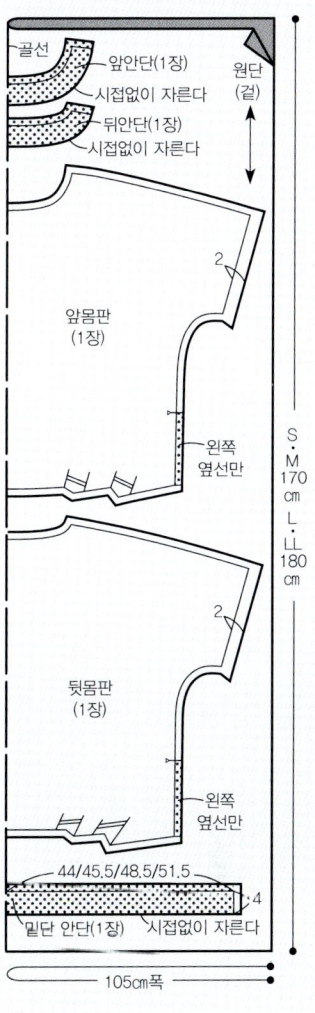

[준비-접착심(소잉심지)을 붙인다]

앞·뒤안단, 밑단 안단에는 접착심(소잉심지)을 붙이고, 몸판의 왼쪽 옆선 안쪽에 소잉테이프 심지를 붙인다

지퍼 부분(왼쪽 옆선)

[준비-지그재그봉제 또는 오버록 처리한다]

몸판의 어깨와 옆선에 지그재그봉제 또는 오버록 처리한다. 이때, 소매 밑단 시접은 지그재그봉제 또는 오버록 처리하지 않는다

[몸판에 턱을 잡는다]

1. 몸판에 턱을 잡고, 시침핀으로 고정한다(안쪽 기준으로 앞몸판은 앞중심 방향으로, 뒷몸판은 옆선 방향으로 턱을 잡는다)

2. 시접 부분만 1cm 임시고정 봉합한다

3. 뒷몸판도 시접 부분만 1cm 임시고정 봉합한다

[몸판의 왼쪽 옆선을 봉합하고, 지퍼를 단다]

3. 앞·뒷몸판을 겉끼리 맞대고, 몸판 왼쪽 옆선 위쪽에서부터 지퍼 끝점까지 봉합하고, 지퍼 끝점에서 4번 되돌아박기한 후, 지퍼 끝점에서부터 밑단까지 큰 땀으로 봉합한다. 시접은 가름솔한다

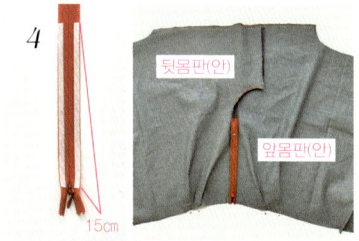

4. 지퍼 상지에서부터 15cm길이로 워셔블 매직 테이프를 2개 붙인 뒤, 다리미로 왼쪽 옆선에 지퍼를 임시 고정한다

5. 큰 땀으로 봉합한 실을 뜯는다

6. 지퍼 슬라이더를 아래까지 내린다

7. 지퍼 이빨을 세우고, 콘실지퍼 노루발 홈에 끼워 봉합한다. 지퍼 끝점의 0.5cm 위쪽까지 봉합한다

Point

콘실지퍼란 지퍼 이빨이나 바늘땀이 겉으로 드러나지 않도록 달 수 있는 지퍼를 말합니다. 스커트나 원피스 등에 자주 사용됩니다. 전용 노루발의 홈에 지퍼 이빨을 끼워 봉합하면 쉽게 지퍼를 달 수 있습니다

*판매처 : 패션스타트, 심플소잉, 퀼트스타

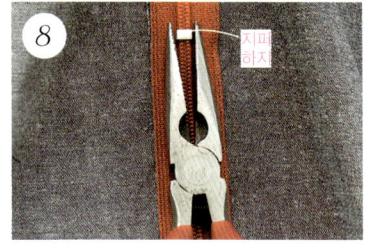

8. 슬라이더를 올리고, 펜치를 이용해 지퍼 하지를 지퍼 끝점까지 이동시킨 뒤 조인다

9. 지퍼 끝점에서 3cm 남기고 지퍼테이프를 자른 후, 앞·뒷몸판의 시접에 고정 봉합한다

[몸판의 어깨와 옆선을 봉합한다]

10. 앞·뒷몸판을 겉끼리 맞대고 어깨와 오른쪽 옆선을 봉합한 후, 시접은 가름솔한다

[몸판에 밑단 안단을 단다]

11
소매 밑단의 완성선에 가윗집을 준다

12
소매의 밑단 시접을 1cm, 1cm 두 번 접어 상침한다

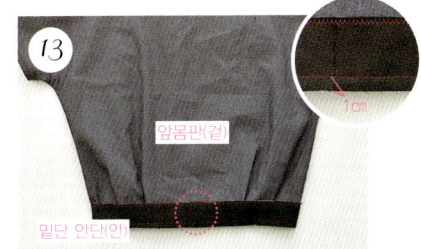

13
밑단 안단의 시접 없이 자른 쪽에 지그재그 봉제 또는 오버록 처리한다. 몸판과 밑단 안단을 겉끼리 맞대고 봉합한다(이때 밑단 안단 양쪽 끝을 몸판 왼쪽 옆선에 맞춘다)

14
밑단을 겉으로 뒤집어 시접을 밑단 안단쪽으로 넘긴 후, 안단쪽의 끝에서 0.2cm 상침한다

15
안단의 옆선 시접을 안쪽으로 1cm 접고, 밑단 안단을 몸판의 안쪽으로 넘겨 시침핀으로 고정한다

16
몸판의 왼쪽 옆선과 오른쪽 옆선 시접에만 공그르기한다

[몸판의 목둘레에 안단을 단다]

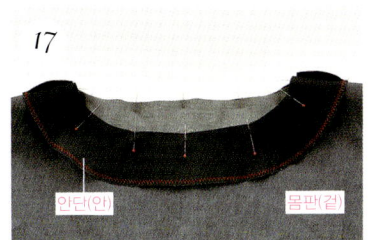

17
앞 뒤안단을 겉끼리 맞대고 어깨를 봉합한 뒤, 시접을 가름솔하고 시접없이 자른 쪽에 지그재그봉제 또는 오버록 처리한다. 몸판과 안단을 겉끼리 맞대고, 목둘레를 시침핀으로 고정한다

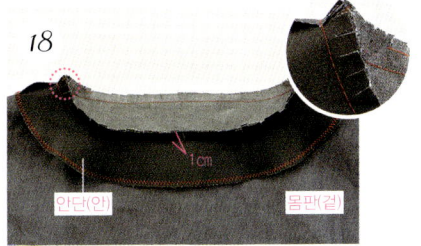

18
몸판과 안단의 목둘레를 봉합한 후, 시접에 가윗집을 준다. 곡선이 심한 곳에는 촘촘하게 가윗집을 준다

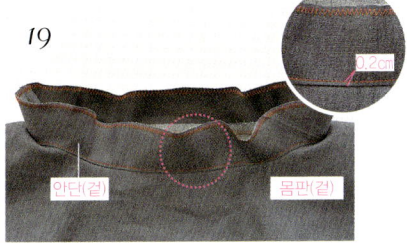

19
안단을 겉으로 뒤집어 시접을 안단쪽으로 넘긴 후, 안단쪽의 끝에서 0.2cm 상침한다

20
안단을 몸판의 안쪽으로 넘기고, 다리미로 정리한다

21
몸판의 어깨 시접에만 공그르기한다

Finish!

d

2way 랩원피스
Photo p.12

michiyo's advice
목둘레와 암홀둘레의 바이어스천은 완성했을 때 보이지 않게 [안바이어스처리] 합니다. 왼쪽 앞스커트에는 주름을 잡지 않고 깔끔하게 만들었습니다.

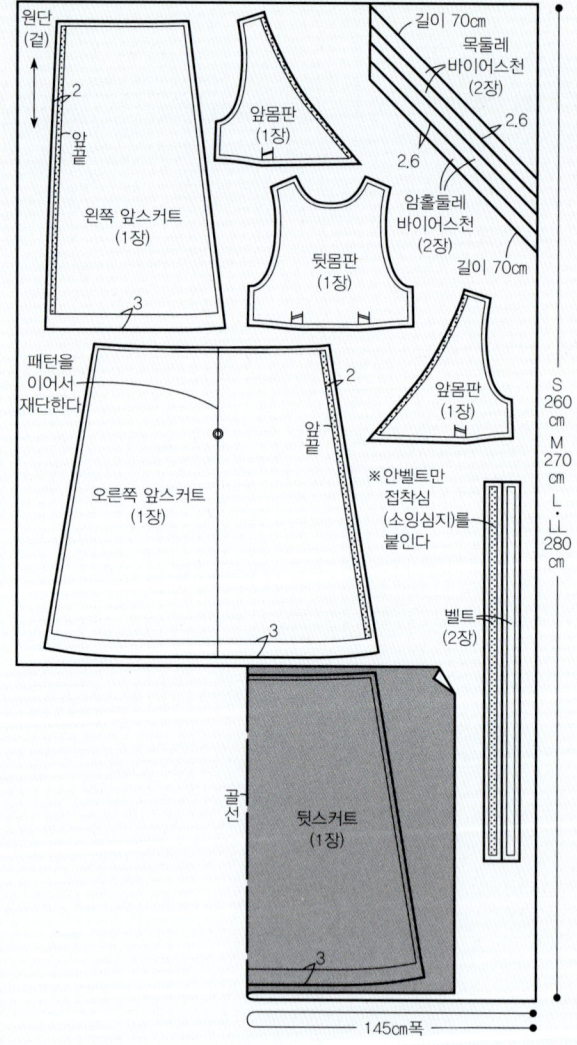

[완성 사이즈]
* 왼쪽에서부터 S/M/L/LL사이즈
* 허리둘레(단추를 포함한 상태) 73/76/82/88cm
* 옷길이 112/115/121/122cm

[재료]
* 왼쪽에서부터 S/M/L·LL사이즈
* 겉감(리넨)…145cm폭×260/270/280cm
* 접착심(소잉심지)…10cm폭×130cm
* 소잉테이프 심지…1cm폭×280cm
* 단추…1.5cm폭×2개

실물크기 패턴 B면

[준비-바이어스천을 만든다]

바이어스로 원단을 재단한다

바이어스천을 12mm의 바이어스메이커에 통과 시킨다. 시침핀으로 고정하면서 다리미로 다린다

이을 때는 2장을 겉끼리 맞대고, 접음선을 맞춰 시침핀으로 고정하고 봉합한 뒤, 시접을 가름솔한다

봉합하고 가름솔한 모습

튀어나온 시접을 자른다

[준비-접착심(소잉심지)을 붙인다]

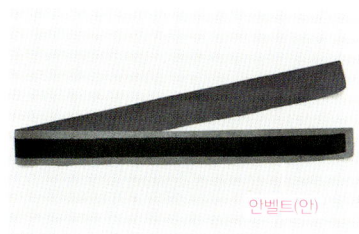

안벨트에는 접착심(소잉심지)을 붙이고, 앞스커트 앞끝선, 앞몸판의 목둘레 안쪽에 소잉테이프 심지를 붙인다

※보기 쉽도록 검은색의 접착심(소잉심지)을 사용했습니다. 원단의 색에 맞춰 심지를 골라주세요

Point

소잉테이프 심지가 없다면 접착심(소잉심지)을 사용해도 좋습니다. 이때, 심지를 바로 사용할 수 있도록 자주 사용하는 cm폭으로 미리 잘라 두꺼운 종이에 감아 두면 훨씬 편하게 사용할 수 있습니다.

[앞몸판에 턱을 잡는다]

1. 패턴 표시의 높은 곳에서 낮은 쪽으로 접는다

2. 시침핀으로 고정한다

3. 0.5cm 임시고정 봉합한다

[몸판의 어깨를 봉합한다]

4. 앞·뒤몸판을 겉끼리 맞대고 어깨를 봉합한 후, 시접을 지그재그봉합 또는 오버록 통솔처리한 뒤, 뒷몸판쪽으로 넘긴다

[몸판의 목둘레에 바이어스천을 단다]

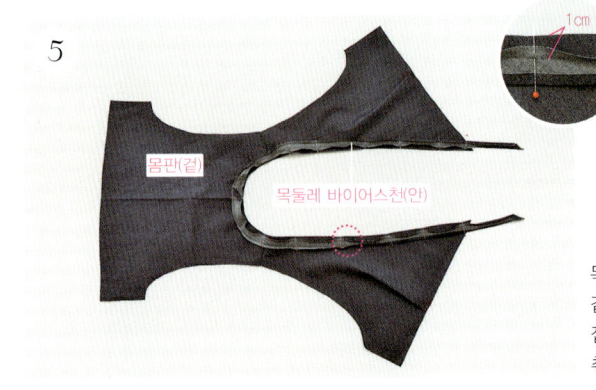

5. 목둘레 바이어스천과 몸판을 겉끼리 맞대고, 바이어스천의 접음선을 몸판의 완성선에 맞춰 시침핀으로 고정한다

6. 목둘레를 봉합한다

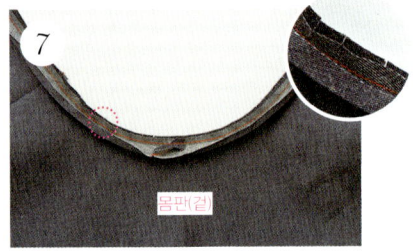

7. 뒷몸판의 목둘레 시접에 가윗집을 준다. 곡선이 심한 곳에는 촘촘하게 가윗집을 준다

8. 바이어스천을 몸판 안쪽으로 넘기고, 시침핀으로 고정한다

[몸판의 암홀둘레에 바이어스천을 단다]

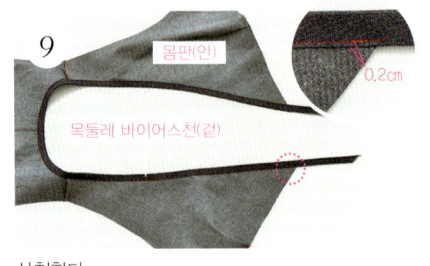

9. 상침한다

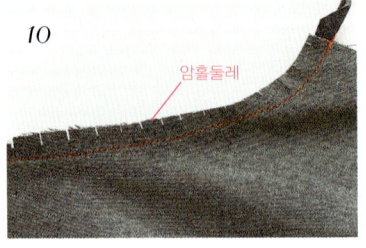

10. 몸판의 암홀둘레를 5~6과정과 같은 방법으로 만들고, 암홀둘레 시접에 가윗집을 준다. 곡선이 심한 곳에는 촘촘하게 가윗집을 준다

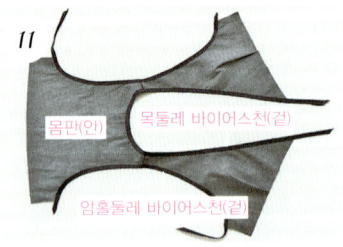

11. 8~9과정과 같은 방법으로 바이어스천을 달고 상침한다. 목둘레, 암홀둘레 바이어스천의 여분을 자른다

[몸판의 옆선을 봉합한다]

12

앞·뒤몸판을 겉끼리 맞대고 옆선을 봉합한 후, 시접을 지그재그봉합 또는 오버록 통솔처리한 뒤, 뒷몸판쪽으로 넘긴다

13

뒷몸판의 겉에서 옆선의 시접을 0.5cm 고정 상침한다

안에서 본 모습

[몸판에 벨트를 단다]

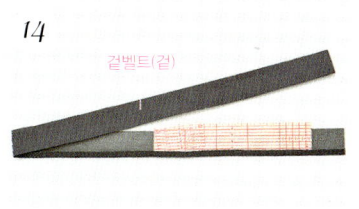

14

겉벨트의 아래를 안쪽으로 1cm 접는다

15

겉·안벨트를 겉끼리 맞대고, 그 사이에 몸판을 끼워 넣어 클립으로 고정한다

겉에서 본 모습

16

완성선에서 2땀 떼고 ㄷ자로 봉합한다

17

벨트의 모서리를 잘라낸 후, 시접을 접어 벨트를 겉으로 뒤집는다

18

다림질로 정리한다

[스커트를 만든다]

19

오른쪽·왼쪽 앞스커트의 앞끝 밑단쪽의 시접을 안으로 1cm 접고, 완성선에서 겉으로 접는다

20

접은 곳을 봉합한다

21

시접을 잘라낸다

22

뒷스커트에 오른쪽 앞스커트와 왼쪽 앞스커트를 각각 겉끼리 맞대고, 옆선을 봉합한 후, 밑단을 제외한 시접을 지그재그봉합 또는 오버록 통솔처리한다

23

밑단의 완성선 시접에 가윗집을 주고, 가름솔 한다

24

 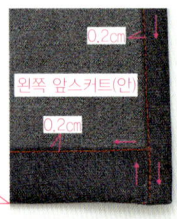

밑단을 1cm, 2cm 두 번 접고, 앞끝은 1cm, 1cm 두 번 접어 상침한다

왼쪽 앞스커트 앞끝~밑단~오른쪽 앞스커트 앞끝 순으로 상침한다

25

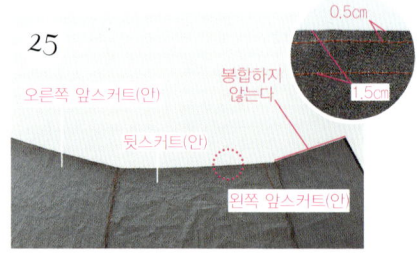

뒷스커트와 오른쪽 앞스커트의 주름 잡는 곳에 큰 땀으로 두 줄 봉합한다

[몸판과 스커트를 연결한다]

26

스커트와 안벨트의 앞·뒤중심과 옆선을 맞춰 시침핀으로 고정하고, 주름을 잡는다

27

허리둘레를 봉합하고 큰 땀으로 봉합한 실을 뜯는다

28

겉벨트로 시접을 감싸 벨트둘레를 상침한다

29

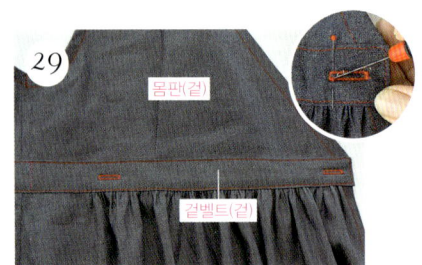

벨트에 단춧구멍을 만든다. 시침핀을 꽂아 실 뜯개로 단춧구멍을 뚫는다

30

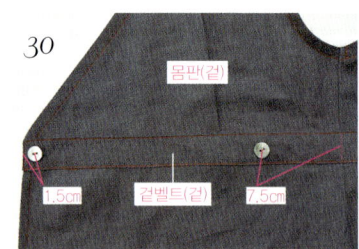

벨트에 단추를 단다

Finish!

e

리본 칼라 원피스
Photo p.14

 michiyo's advice
다트는 신체의 입체적인 실루엣을 만들기 위한 것으로 원단을 접어 봉합합니다.

[완성 사이즈]
- 왼쪽에서부터 S/M/L/LL사이즈
- 가슴둘레 91/94/100/106cm
- 옷길이 97.5/100.5/106.5/107.5cm
- 화장길이(뒷목중심에서부터) 43/44/45.5/46cm

[재료]
- 왼쪽에서부터 S/M·L·LL사이즈
- 겉감(도트무늬 원단)…110cm폭×260/270/280cm
- 접착심(소잉심지)…35cm폭×35cm

실물크기 패턴 A면

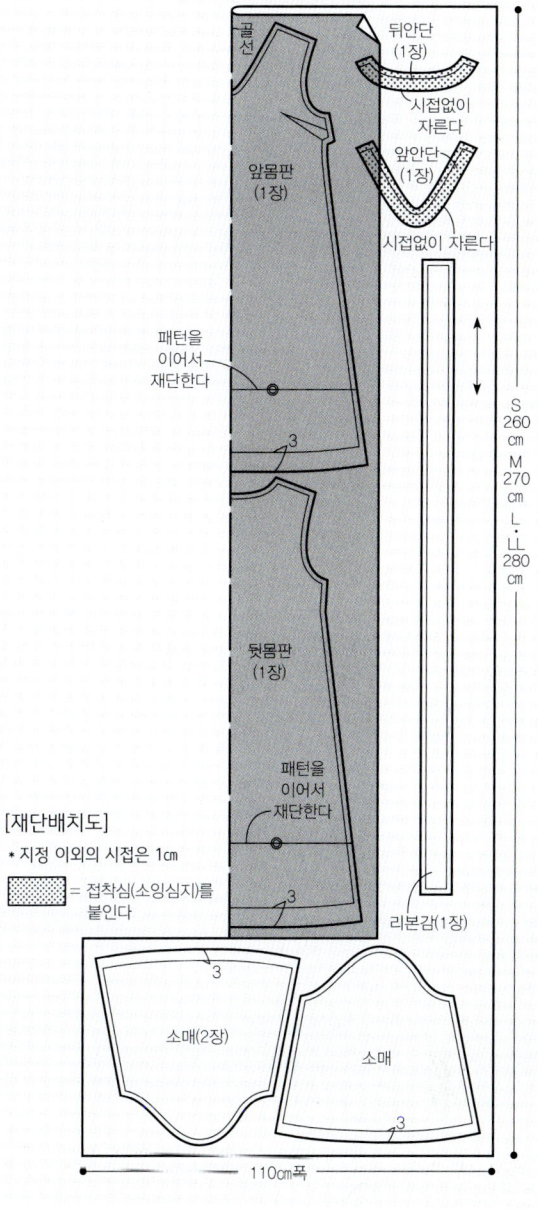

[준비-접착심(소잉심지)을 붙이고, 안단을 만든다]

1. 원단에 접착심(소잉심지)을 붙이고, 앞·뒤안단을 자른다.

2. 앞·뒤안단을 겉끼리 맞대고 어깨를 봉합하고, 시접을 가름솔한다. 바깥쪽 둘레는 지그재그봉제 또는 오버록 처리한다

[준비-지그재그봉제 또는 오버록 처리한다]

몸판의 어깨에 지그재그봉제 또는 오버록 처리한다

[앞몸판에 다트를 봉합한다]

Point
원단의 바깥쪽에서 안쪽을 향해 봉합하기 때문에 좌우로 시침핀 꽂는 방법이 다릅니다

1. 다트 표시를 겉끼리 맞대고, 시침핀으로 고정한다

2. 다트를 봉합하고, 아래로 넘긴다

Point
다트의 끝부분은 되돌아박기가 아닌 실을 길게 남겨 매듭묶기를 합니다. 실을 묶을 때, 윗실과 밑실을 한 번 묶고, 한 번 더 2줄 함께 송곳을 사용해 묶으면 매듭의 위치를 원단에 가깝게 만들 수 있습니다. 실을 1cm 남기고 자릅니다

[몸판의 어깨를 봉합한다]

3. 앞·뒷몸판을 겉끼리 맞대어 어깨를 봉합한 후, 시접을 가름솔한다

[리본감을 만들어 몸판에 단다]

4. 리본감의 양 끝을 겉끼리 맞닿게 반으로 접고, 봉합 끝점에서 원단 끝의 완성선까지 봉합한다

5. 봉합 끝점의 시접에 가윗집을 준다

6. 모서리를 자른다
※반대쪽도 5~6과정과 같은 방법으로 만든다

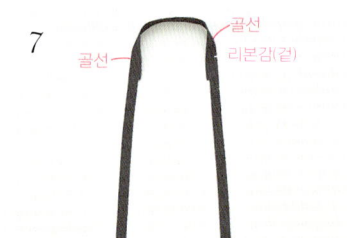

7. 겉으로 뒤집어 반으로 접는다

Memo
시접을 완성선으로 접고 나서 하면 쉽게 뒤집을 수 있습니다

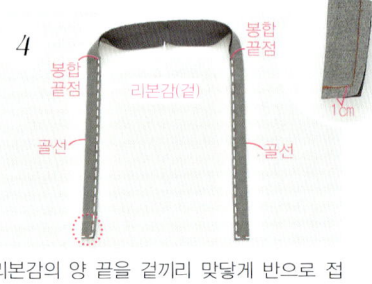

8. 몸판의 목둘레에 리본감을 겹치고, 뒷중심을 맞춰 시침핀으로 고정한다

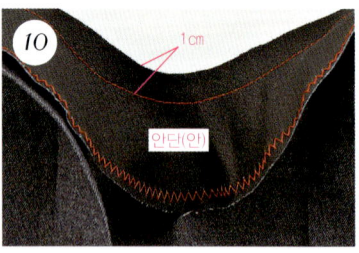

9. 리본감 위에 안단을 얹어 몸판과 겉끼리 맞대고, 시침핀으로 고정한다

10. 목둘레를 봉합한다

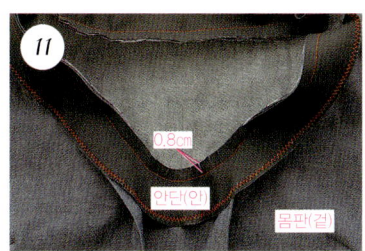
목둘레 시접에 가윗집을 준다. 곡선이 심한 곳에는 촘촘하게 가윗집을 준다

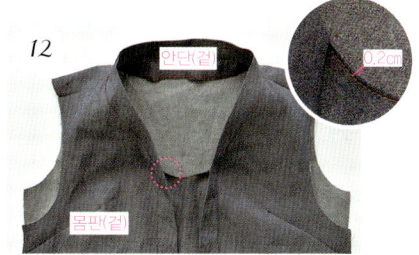
안단을 겉으로 뒤집어 몸판의 안쪽으로 넘기고, 몸판의 끝에서 0.2cm 상침한다

몸판의 어깨 시접에만 공그르기한다

[몸판에 소매를 단다]

몸판과 소매를 겉끼리 맞대고, 암홀둘레를 시침핀으로 고정한다

암홀둘레를 봉합하고, 시접을 지그재그봉합 또는 오버록 통솔처리한 후, 몸판쪽으로 넘긴다

겉에서 상침한다

[몸판과 소매의 옆선을 한 번에 이어서 봉합하고, 몸판과 소매의 밑단을 정리한다]

앞·뒤몸판과 소매를 각각 겉끼리 맞대고 옆선을 한 번에 이어서 봉합한 뒤, 시접을 지그재그봉합 또는 오버록 통솔처리한 후, 뒤쪽으로 넘긴다

소매의 밑단을 1.5cm, 1.5cm 두 번 접어 상침한다

몸판의 밑단을 1cm, 2cm 두 번 접어 상침한다

Finish!

A라인 스커트
Photo p.16

뒷중심쪽에 지퍼를 달게 되면 옆선보다는 쉽게 지퍼를 달 수 있습니다.

[완성 사이즈]
* 왼쪽에서부터 S/M/L/LL사이즈
* 허리둘레 66/69/75/81cm
* 스커트길이 65.5/66.5/68.5/69.5cm

[재료]
* 왼쪽에서부터 S/M/L/LL사이즈
* 겉감(면마 캔버스)…110cm폭×120/130/140/150cm
* 접착심(소잉심지)…50cm폭×20cm
* 소잉테이프 심지…2cm폭×20cm
* 워셔블 매직 테이프…0.5cm폭×50cm
* 지퍼…20cm길이 1개
* 단추…1.3cm폭 1개

실물크기 패턴 A면

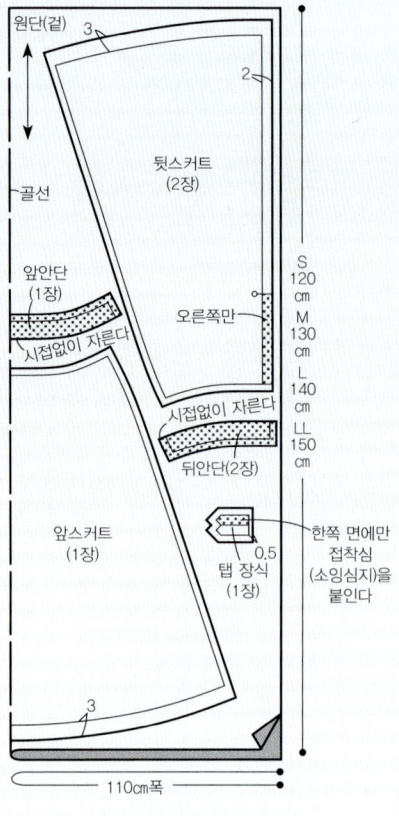

[재단배치도]
* 지정 이외의 시접은 1cm
= 접착심(소잉심지) 또는 소잉테이프심지를 붙인다

원단(겉) 3
뒷스커트 (2장) 2
골선
앞안단 (1장)
오른쪽만
시접없이 자른다
시접없이 자른다
뒤안단(2장)
앞스커트 (1장)
탭 장식 0.5
한쪽 면에만 접착심(소잉심지)을 붙인다
S 120cm M 130cm L 140cm LL 150cm
3
110cm폭

[준비-접착심(소잉심지)을 붙인다]

앞·뒤안단, 탭 장식 안쪽에 접착심(소잉심지)을 붙이고, 오른쪽 뒷스커트에는 소잉테이프 심지를 붙인다

[준비-안단을 봉합하고, 지그재그봉제 또는 오버록 처리한다]

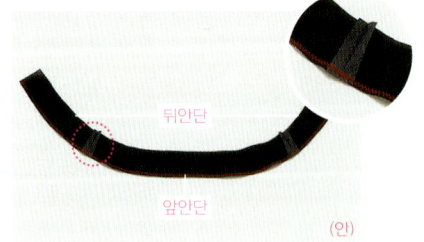

앞·뒤안단을 겉끼리 맞대고 옆선을 봉합한 뒤, 시접을 가름솔한다. 바깥쪽에 지그재그봉제 또는 오버록 처리한다

앞·뒤스커트 옆선과 뒷스커트 뒷중심에 지그재그봉제 또는 오버록 처리한다

[탭 장식을 만든다]

1

탭 장식의 위·아래 시접을 1cm 안쪽으로 접고, 겉끼리 맞닿게 반으로 접는다. 삼각 부분을 봉합하고, 끝을 시접 정리한다

2

겉으로 뒤집어 둘레를 상침한다

[스커트를 만든다]

3

오른쪽·왼쪽 뒷스커트를 겉끼리 맞대고, 지퍼 끝점에서부터 밑단까지 봉합한다

4

시접을 가름솔한다. 오른쪽 뒷스커트(접착심을 붙인 쪽)는 2cm, 왼쪽 뒷스커트는 1.8cm 접는다

5

앞·뒤스커트를 겉끼리 맞대고 옆선을 봉합한 뒤, 시접을 가름솔한다

[스커트에 안단과 지퍼를 단다]

6

뒤안단의 뒤중심 시접을 안쪽으로 접고, 스커트와 겉끼리 맞댄다. 완성선에서 1cm 떨어진 곳에서부터 봉합을 시작하고, 오른쪽 뒷중심에서부터 왼쪽 옆선까지 봉합한다

7

지퍼테이프의 겉에 워셔블 매직 테이프를 2개 붙이다. 스커트를 겉으로 뒤집고, 왼쪽 스커트의 뒷중심 시접에 지퍼를 맞추고, 다리미로 임시 고정한다

8

지퍼 끝점까지 상침한다(지퍼 노루발이 있으면 바꾼다)

9

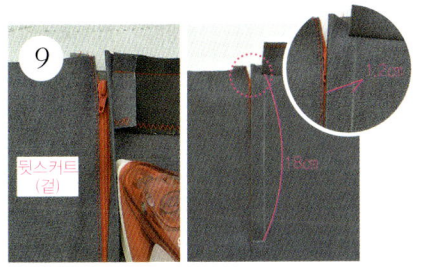

반대쪽도 다리미로 임시 고정한다. 봉합 위치에 지워지는 펜초크로 선을 긋는다

10

시접을 스커트쪽으로 넘긴다

11

뒷중심의 시접을 접는다

9의 선 위를 고정 상침한다

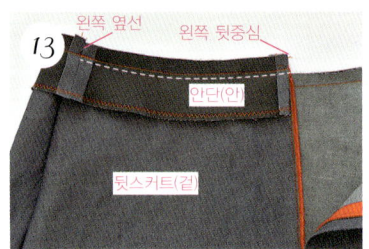
허리의 왼쪽 옆선에서부터 왼쪽 뒷중심까지 봉합한다

시접에 가윗집을 준다

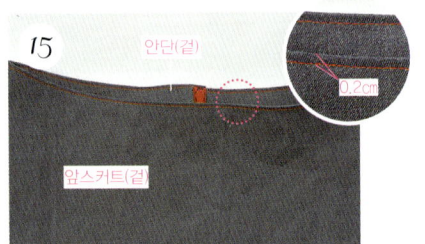
안단을 겉으로 뒤집고, 허리에 상침한다

스커트의 옆선 시접에만 안단을 공그르기한다

[스커트에 탭 장식을 단다]

탭 장식에 단춧구멍을 만든다. 시침핀을 꽂아 실뜯개로 단춧구멍을 뚫는다

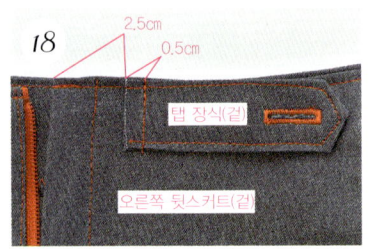
탭 장식을 오른쪽 뒷스커트에 단다

반대쪽으로 넘겨 상침한다

단추를 단다

[스커트의 밑단을 정리한다]

뒷중심의 밑단의 시접을 자른다

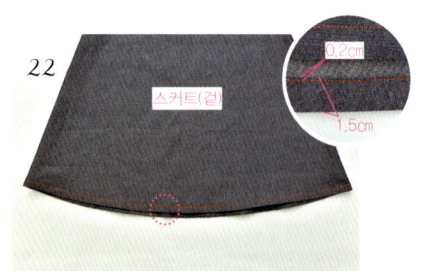
밑단을 1.5cm, 1.5cm 두 번 접어 상침한다

Finish!

g
2way 멜빵바지
Photo p.18

패턴 갯수는 많지만 어렵지 않게 만들 수 있습니다.
완성했을 때 만족도가 크며,
다양한 코디가 가능해 추천합니다!

[재단배치도]
- 지정 이외의 시접은 1cm
- 끈감, 안단은 직접 제도하여 사용합니다
- ▨ = 접착심(소잉심지)을 붙인다

길이 S·M 75cm / L·LL 80cm

[완성 사이즈]
- 왼쪽에서부터 S/M/L/LL사이즈
- 팬츠길이 98.5/100/104/105cm

[재료]
- 왼쪽에서부터 S·M/L·LL사이즈
- 겉감(리넨)…145cm폭×220/230cm
- 접착심(소잉심지)…90cm폭×30cm
- 고무줄…2cm폭×30cm(허리둘레에 맞춰 조절)
- 접착심(소잉심지)…90cm폭×30cm
- 단춧구멍 테이프…2개
- 단추…1.3cm폭×5개, 1.8cm폭×8개

실물크기 패턴 C면

[준비-접착심(소잉심지)을 붙인다]

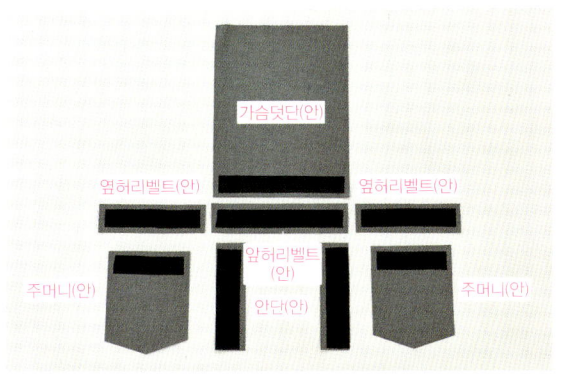

뒤팬츠의 덧단 부분, 가슴덧단의 단춧구멍 부분, 앞허리벨트, 옆허리벨트, 안단, 주머니의 안쪽에 접착심(소잉심지)을 붙인다

[주머니를 만들어 팬츠에 단다]

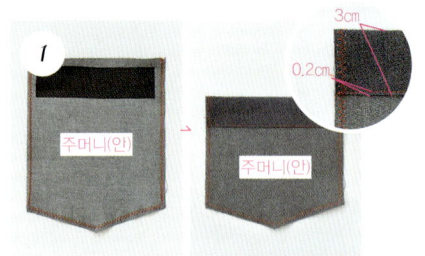

주머니 입구를 제외한 나머지 둘레를 지그재그봉제 또는 오버록 처리한다. 주머니 입구를 1cm, 3cm 두 번 접어 상침한다

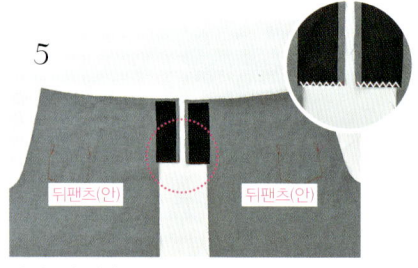

주머니 입구를 제외한 나머지 둘레를 1cm 안쪽으로 접는다

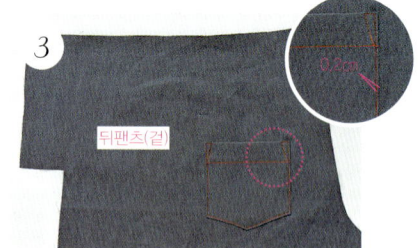

뒤팬츠에 주머니를 얹어 상침한다. 주머니 입구는 사진처럼 삼각형으로 봉합하면 보강이 된다

※반대쪽 주머니도 1~3과정과 같은 방법으로 만든다

[팬츠를 봉합한다]

안단의 시접없이 자른 쪽에 지그재그봉제 또는 오버록 처리한다

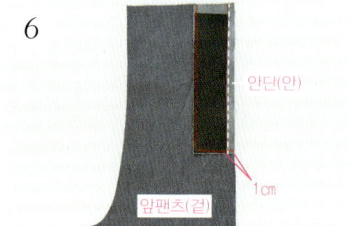

뒤팬츠의 덧단 부분에 지그재그봉제 또는 오버록 처리한다

앞팬츠와 안단을 겉끼리 맞대고, 봉합한다

앞팬츠의 안단을 겉으로 뒤집고, 뒤팬츠를 겉끼리 맞대어 옆선을 시침핀으로 고정한다

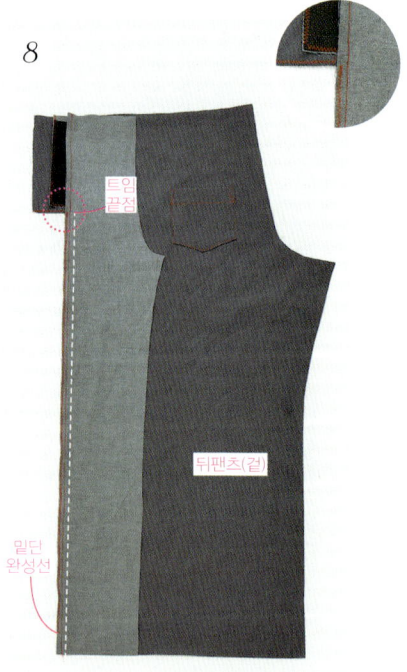

트임 끝점에서부터 밑단까지 봉합한다. 시접을 밑단의 완성까지 지그재그봉합 또는 오버록 통솔처리한 후, 앞팬츠쪽으로 넘긴다

밑단을 1cm, 3cm 두 번 접는다

Point
원단이 너무 두꺼운 경우에는 완성선에 가윗집을 주고, 시접을 0.5cm만 남기고 잘라내면 밑단을 접었을 때 두꺼워지지 않습니다.

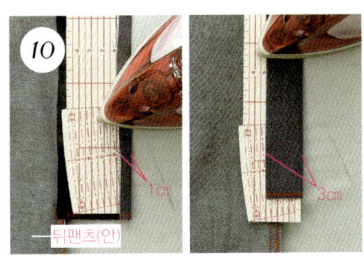

뒤팬츠의 덧단 부분의 시접을 안쪽으로 접고, 한 번 더 접음선을 접는다

뒤팬츠 덧단의 트임 끝점에서부터 위 끝까지 상침한다

앞팬츠의 위 끝에서부터 트임 끝점까지 상침한다

[밑위를 봉합한다]

단춧구멍을 뚫는다

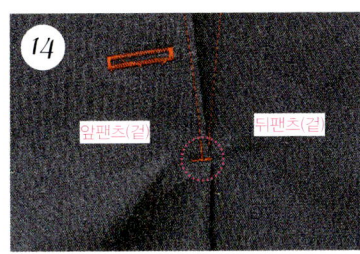

트임 끝점을 겉에서 2~3땀 되돌아박기하여 보강한다
※반대쪽 팬츠도 10~14과정과 같은 방법으로 봉합한다

앞팬츠를 겉끼리 맞대어 밑위를 시침핀으로 고정한다

[허리벨트를 만들어 팬츠에 단다]

밑위를 봉합한 뒤, 시접을 지그재그봉제 또는 오버록 처리한 후, 오른쪽 팬츠쪽으로 넘긴다

뒤팬츠를 겉끼리 맞대고 밑위를 봉합한 뒤, 시접을 지그지그봉합 또는 오버록 통솔처리한 후, 왼쪽 팬츠쪽으로 넘긴다

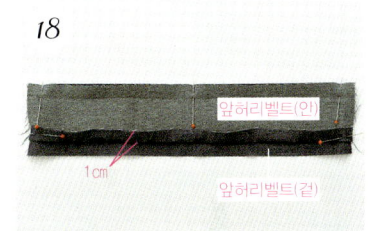

앞허리벨트를 겉끼리 맞대고, 접착심(소잉심지)을 붙이지 않은 쪽의 아래 시접을 1cm 안쪽으로 접는다

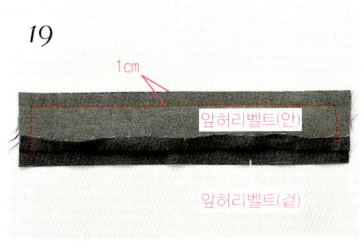

ㄷ자로 봉합한다

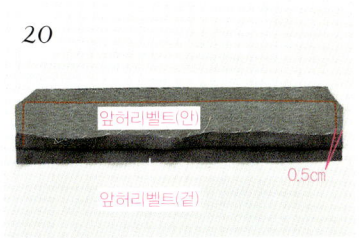

모서리 시접을 정리하고 양 옆선 시접을 0.5cm만 남기고 잘라낸다

앞팬츠의 안쪽과 앞허리벨트의 접착심(소잉심지)을 붙이고 있는 쪽의 겉쪽을 맞대어 시침핀으로 고정하고 봉합한다

앞허리벨트를 겉으로 뒤집어 모양을 정리하고, 둘레를 겉에서 상침한다

단춧구멍을 뚫는다

안에서 본 모습

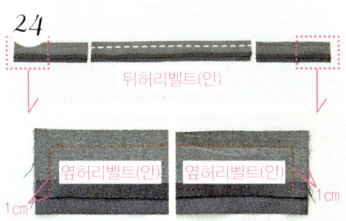

뒤허리벨트를 겉끼리 맞대고, 1장의 아래쪽 시접을 접어 위쪽을 봉합한다. 옆허리벨트를 겉끼리 맞대고, 1장의 아래쪽 시접을 1cm 안쪽으로 접어 둘레를 ㄱ자로 봉합한다. 옆허리벨트는 2쌍씩 좌우 반대로 만든다

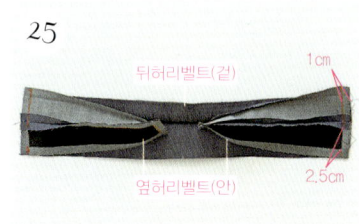

옆·뒤허리벨트의 시접을 가름솔하고, 겉끼리 맞대어 봉합한 후(양 옆의 고무줄 통로 입구인 2.5cm는 봉합하지 않는다) 시접은 가름솔한다. 20과 같은 과정으로 모서리 시접을 정리하고, 양 옆 시접은 0.5cm로 자른다

뒤팬츠의 안쪽에 단춧구멍 테이프를 임시고정 봉합한다

[팬츠의 밑아래를 봉합하고 밑단을 정리한다]

뒤허리벨트와 옆허리벨트를 21과 같은 과정으로 팬츠에 겹쳐 봉합한다

허리벨트를 겉으로 뒤집어 모양을 정리하고, 둘레를 겉에서 상침한다

앞·뒤팬츠를 겉끼리 맞대어 밑아래를 봉합한다. 이때, 밑위의 시접은 엇갈리게 한다. 시접을 지그재그봉합 또는 오버록 통솔처리한 후, 뒤팬츠쪽으로 넘긴다

밑단을 1cm, 3cm 두 번 접어 상침한다

뒤허리벨트에 고무줄을 통과시켜 고정 봉합한다

31의 고무줄 끝을 옆벨트 쪽으로 빼다 (다른 한 쪽 끝도 반대쪽에서 당겨 꺼내고, 같은 방법으로 봉합하고 넣는다)

[끈을 만든다]

① 위쪽의 1/4을 접는다
② 한쪽 끝의 옆선을 1cm 접는다
③ 위쪽을 다시 한 번 접는다
④ 아래쪽의 원단 끝을 접어올려 안에 넣는다
⑤ 모양을 정리한다. 그대로 접어 가고, 다른 한쪽 끝의 옆선은 접어넣지 않는다
⑥ ㄷ자로 상침한다

[끈을 가슴덧단에 단다]

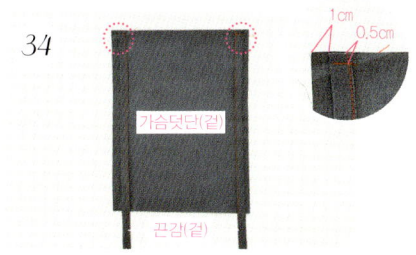

34 가슴덧단에 끈감 2개를 임시고정 봉합한다

35 가슴덧단을 겉끼리 맞대고, 창구멍을 10cm 남기고 봉합한다

36 모서리 시접 4곳을 정리한다

37 겉으로 뒤집고, 아래쪽을 상침한다

38 단춧구멍을 뚫는다

[팬츠에 단추를 단다]

39 뒤팬츠에 1.8cm폭의 단추를 단다

40 앞허리벨트 중심과 옆허리벨트의 39 안쪽에 1.3cm폭의 단추를 단다

41 끈의 겉에 1.3cm폭의 단추를 2개 단다(입어보고 자신에게 맞는 위치에 달아주세요)

Finish!

h
반소매 후드 티셔츠
Photo p.20

i
반소매 티셔츠
Photo p.21

michiyo's advice

이 두 작품은 니트 원단용 실로 봉합하세요.
니트 원단을 봉합하는 데 익숙하지 않은 분은
신축성이 너무 높지 않은 원단을 고르는 것을 추천합니다.

[재단배치도]
- 지정 이외의 시접은 1㎝
- 소매 밑단, 칼라는 직접 제도하여 사용합니다
- 왼쪽에서부터 S/M/L/LL 사이즈 1개만 작성된 숫자는 4사이즈 공통
- 스트라이프 무늬 원단 재단하는 방법 p.33 참고

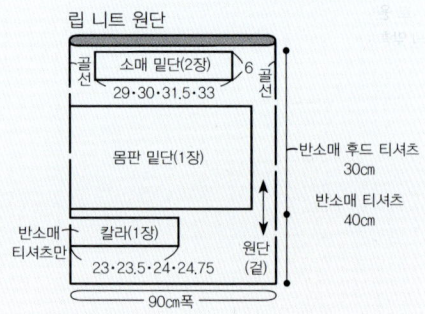

립 니트 원단

골선 · 소매 밑단(2장) · 6 골선
29·30·31.5·33

몸판 밑단(1장)

반소매 티셔츠만 · 칼라(1장) · 원단(겉)
23·23.5·24·24.75

반소매 후드 티셔츠 30cm
반소매 티셔츠 40cm
90㎝폭

칼라 치수
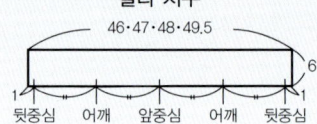
46·47·48·49.5
1 뒷중심 어깨 앞중심 어깨 뒷중심 1 6

[완성 사이즈]
- 왼쪽에서부터 S/M/L/LL사이즈
- 가슴둘레 91/94/100/106㎝
- 옷길이 60/61/63/64㎝
- 화장길이(뒷목중심에서부터) 33.5/34.5/36/37㎝

[재료]
- 왼쪽에서부터 S·M·L·LL사이즈

h 반소매 후드 티셔츠
- 겉감(16수 다이마루 니트 보더)…175㎝폭×120/130㎝
- 시보리(면 30수 스판 후라이스 무지)…90㎝폭×30㎝

i 반소매 티셔츠
- 겉감(16수 다이마루 니트 스트라이프)…175㎝폭×90/100㎝
- 시보리(면 30수 스판 후라이스 무지)…90㎝폭×40㎝

실물크기 패턴 C면

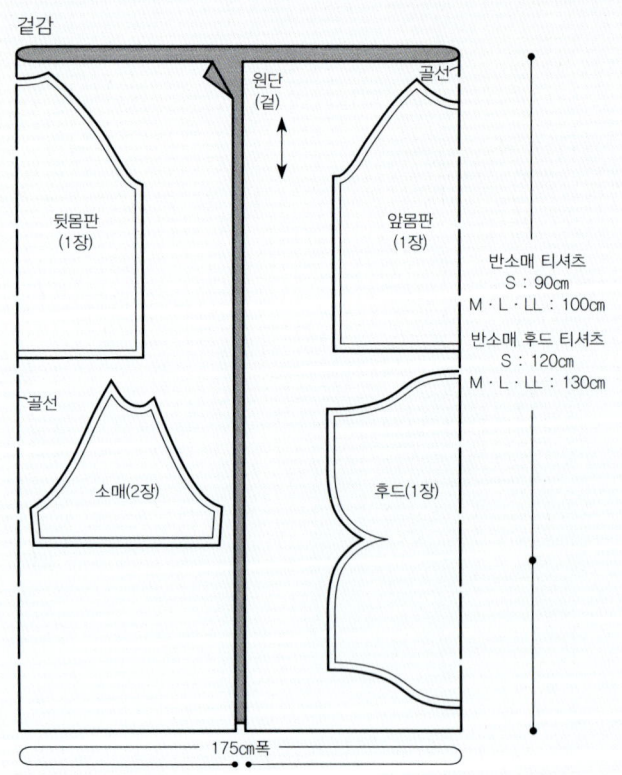

겉감

뒷몸판(1장) · 원단(겉) · 골선 · 앞몸판(1장)

골선 · 소매(2장) · 후드(1장)

반소매 티셔츠
S : 90㎝
M·L·LL : 100㎝

반소매 후드 티셔츠
S : 120㎝
M·L·LL : 130㎝

175㎝폭

[몸판에 소매를 단다]   ※만드는 방법은 h 반소매 후드 티셔츠 사진으로 설명하고 있습니다

1
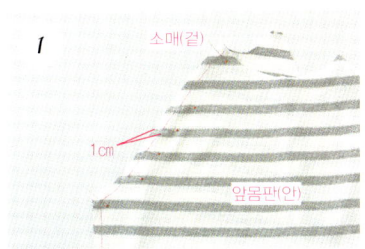
앞몸판과 소매를 겉끼리 맞대고 암홀둘레를 시침핀으로 고정한다

Point
니트 원단은 클립으로 고정하는 일이 많지만 무늬 맞춤을 위해 시침핀으로 고정합니다

Point
니트 원단용 실과 니트 원단용 미싱 바늘을 사용합니다

Memo
앞·뒤몸판 시접을 엇갈려서 넘깁니다

2

비스듬한 라인은 늘어나기 쉽기 때문에 송곳으로 약 1cm마다 눌러가면서 봉합한다

3

시접을 지그재그봉합 또는 오버록 통솔처리한다
※반대쪽도 1~3과정과 같은 방법으로 만든다

4

뒷몸판도 1~3과정과 같은 방법으로 만든다

[몸판과 소매의 옆선을 한 번에 이어서 봉합한다]

5

앞·뒤몸판과 소매를 각각 겉끼리 맞대고, 옆선을 한 번에 이어서 봉합한 뒤 시접을 지그재그봉합 또는 오버록 통솔처리한다

[몸판과 소매에 밑단을 단다]

6
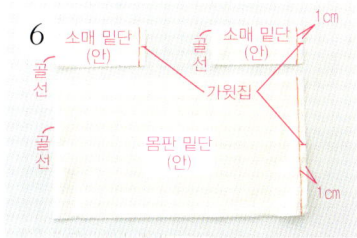
몸판 밑단과 소매 밑단을 각각 겉끼리 맞닿게 반으로 접어 옆선을 봉합하고, 시접 중심에 가윗집을 주어 시접을 가름솔한다. 밑단의 위·아래를 안끼리 맞닿게 반으로 접는다

7
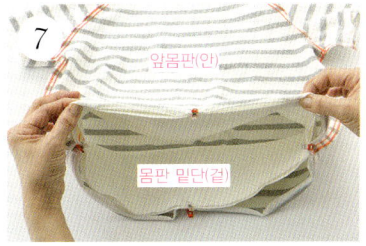
몸판과 몸판 밑단을 겉끼리 맞대고 양 옆선, 앞·뒤중심에 클립으로 고정한다

8

몸판 밑단을 몸판의 길이에 맞춰 조금 늘려가면서 봉합하고 시접을 지그재그봉합 또는 오버록 통솔처리한다

9

시접을 몸판쪽으로 넘기고, 겉에서 상침한다

10

소매와 소매 밑단도 7~9과정과 같은 방법으로 봉합하고 시접을 지그재그봉합 또는 오버록 통솔처리한다

11
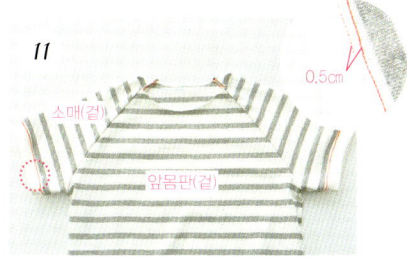
시접을 소매쪽으로 넘기고, 겉에서 상침한다

[몸판에 후드를 단다]

①후드의 정수리 부분이 골선이 되도록 겉끼리 맞닿게 반으로 접고, 뒷중심을 각각 봉합한다
②시접을 가름솔하고 겉으로 뒤집는다
③뒷중심을 안끼리 맞춘다
④앞 끝선이 골선이 되도록 모양을 정리한다

앞중심을 맞춰 시침핀으로 고정한다

몸판과 후드를 겉끼리 맞대고 앞·뒤중심, 어깨의 맞춤점을 맞춘다

중간 중간을 클립으로 고정한다

목둘레를 봉합하고, 시접을 지그재그봉합 또는 오버록 통솔처리한다

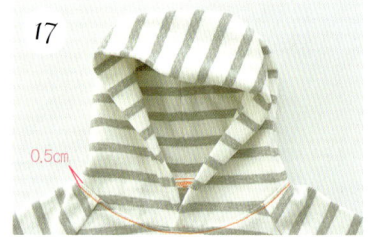
시접을 몸판쪽으로 넘기고 겉에서 상침한다

Finish!

[i 반소매 티셔츠의 경우]
※h 반소매 후드 티셔츠의 1~11과정과 같은 방법으로 만든다

칼라를 h 반소매 후드 티셔츠의 6~8과정과 같은 방법으로 만든다

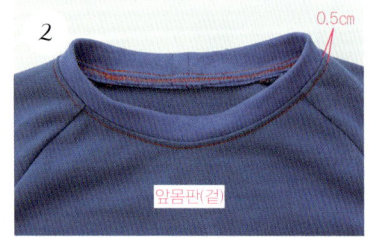
시접을 몸판쪽으로 넘기고 겉에서 상침한다

Finish!

j

스탠드 칼라 롱 블라우스

Photo p.22

 단춧구멍을 뚫을 때는 사용하는 미싱에 부속되어 있는
단춧구멍 전용 노루발을 사용해주세요.

[완성 사이즈]
* 왼쪽에서부터 S/M/L/LL사이즈
* 옷길이 85/87/91/92㎝
* 화장길이(뒷목중심에서부터) 80/81/83.5/85.5㎝

[재료]
* 왼쪽에서부터 S/M/L/LL사이즈
* 겉감(리넨)…105㎝폭×250/260/270/280㎝
* 접착심(소잉심지)…60㎝폭×90㎝
* 단추…1.3㎝폭×9개

실물크기 패턴 D면

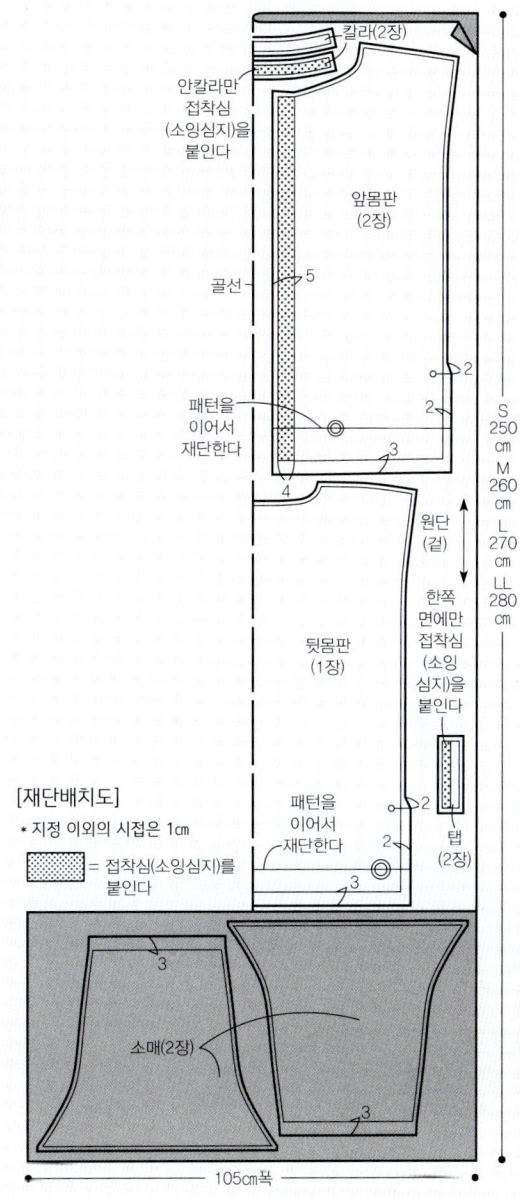

[준비-접착심(소잉심지)을 붙인다]

접착심(소잉심지)을 앞끝, 안칼라, 탭 2장의
안쪽에 붙인다

[앞몸판의 앞끝과 밑단을 정리한다]

1
앞몸판의 앞끝 시접을 1cm 안으로 접는다

3
앞끝의 밑단쪽과 목둘레쪽을 봉합한다

4
①~②의 순서대로 자른다

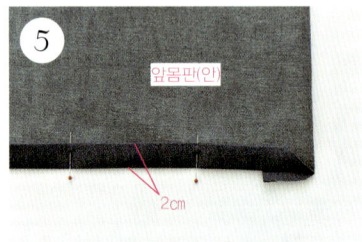
5
앞몸판의 밑단을 1cm, 2cm 두 번 접는다

2
한 번 더 4cm 겉으로 접는다

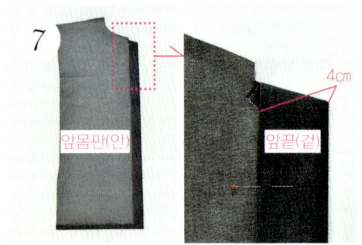
6
앞몸판 칼라 끝점에 가윗집을 준다

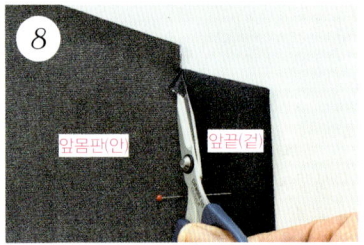
7
앞끝을 겉으로 뒤집어 모양을 정리하고 시침핀으로 고정한다

8
칼라 끝점 시접의 여분을 자른다

9
앞끝과 밑단에 상침한다
※반대쪽도 1~9과정과 같은 방법으로 만든다

10
앞·뒷몸판의 주름 잡는 곳에 큰 땀으로 두 줄 봉합한다

[탭을 만들어 소매에 단다]

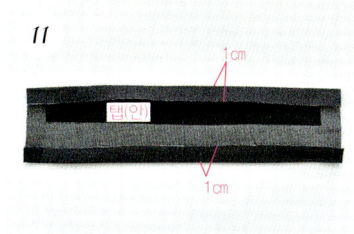
11
탭의 위·아래 시접을 접는다

12
접음선에 맞춰 겉끼리 맞닿게 반으로 접는다

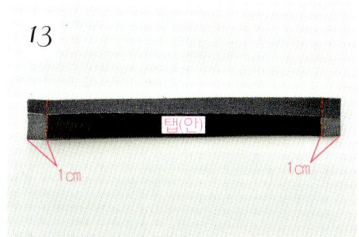
13
옆선을 봉합한다

14
모서리 시접을 비스듬하게 자른다

15
겉으로 뒤집어 둘레를 상침한다

16
단춧구멍을 뚫는다

17
시침핀을 꽂아 실뜯개로 단춧구멍을 뚫는다

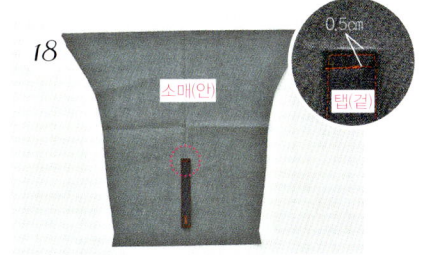
18
소매에 탭을 얹고 고정 봉합한다

19
소매의 옆선에 지그재그봉제 또는 오버록 처리한다

[칼라를 만든다]

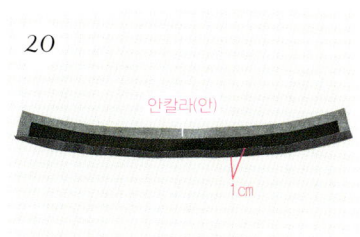
20
안칼라의 아래쪽 시접을 접는다

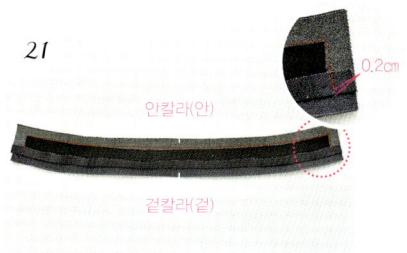
21
겉·안칼라를 겉끼리 맞대고 봉합한다(처음과 마지막은 완성선에서 0.2cm 남기고 봉합한다)

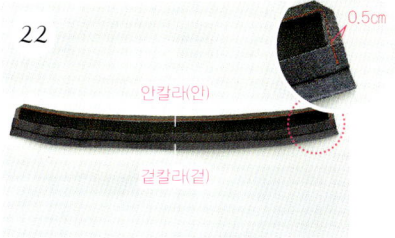
22
시접을 0.5cm로 정리하고, 윗모서리는 비스듬하게 자른다

[어깨를 봉합하고 칼라를 단다]

앞·뒤몸판의 어깨에 지그재그 봉제 또는 오버록 처리한다

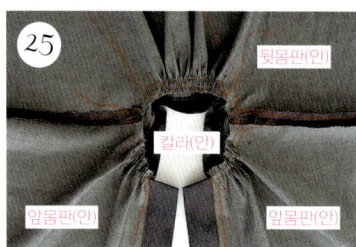

앞·뒤몸판을 겉끼리 맞대고, 어깨를 봉합한 후, 시접을 가름솔한다

칼라 둘레에 맞춰 몸판의 목둘레에 주름을 잡고, 칼라와 겉끼리 맞대고 시침핀으로 고정한다

겉에서 본 모습

목둘레를 봉합하고 큰 땀으로 봉합한 실을 제거한다

주름이 잡혀있지 않은 곳은 가윗집을 준다

칼라로 시접을 감싸고 공그르기한다

[몸판에 소매를 단다]

몸판과 소매를 겉끼리 맞대어 겨드랑이에서부터 겨드랑이까지 봉합한다

트임 끝점에서 트임 끝점까지 지그재그봉합 또는 오버록 통솔처리한 후, 시접은 소매쪽으로 넘긴다

[몸판과 소매의 옆선을 한 번에 이어서 봉합한다]

앞·뒤몸판과 소매를 각각 겉끼리 맞대고, 트임 끝점까지 옆선을 한 번에 이어서 봉합한다

[소매의 밑단과 뒷몸판의 밑단을 정리한다]

소매의 밑단을 1cm, 2cm 두 번 접어 상침한다

[몸판과 소매에 단추를 단다]

뒷몸판의 밑단을 1cm, 2cm 두 번 접어 상침한다

트임의 시접을 1cm, 1cm 두 번 접어 상침하고 트임 끝점은 2~3번 되돌아박기한다

단춧구멍을 뚫는다

시침핀을 꽂아 실뜯개로 단춧구멍을 뚫는다

몸판과 소매에 단추를 단다

Finish!

k
벌룬 스커트
Photo p.24

l
플레어 스커트
Photo p.25

michiyo's advice
주머니를 통솔로 처리해서 튼튼하고 예쁘게 완성해봅시다.
옆선을 주머니와 함께 봉합되지 않도록 주의해주세요.

[재단배치도]
* 지정 이외의 시접은 1cm
* 밑단 바이어스천은 직접 제도하여 사용합니다

밑단 바이어스천 치수
※벌룬 스커트만 직접 제도하여 사용합니다

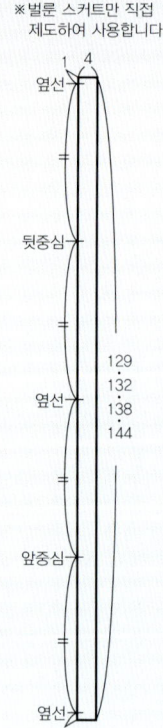

[완성 사이즈]
* 왼쪽에서부터 S/M/L/LL사이즈
* 허리둘레(고무줄 달기 전 사이즈) 148/151/157/163cm
* 스커트길이 69/70/72/73cm

[재료]
* 왼쪽에서부터 S·M·L·LL사이즈

k 벌룬 스커트
* 겉감(하프 리넨 스트라이프)…105cm폭×190/200cm

l 플레어 스커트
* 겉감(리넨)…105cm폭×190/200cm

k,l 공통
* 고무줄…2.5cm폭×70cm(허리둘레에 맞춰 조절)

실물크기 패턴 B면

[스커트의 옆선을 봉합하고, 주머니를 만들어 단다]

※만드는 방법은 h 벌룬 스커트의 사진으로 설명하고 있습니다

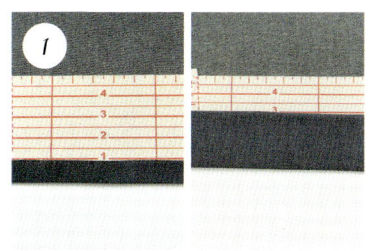

1. 앞·뒤스커트의 허리를 1cm, 3cm 두 번 접는다

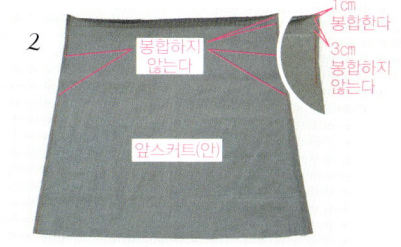

2. 앞·뒤스커트를 겉끼리 맞대고 양 옆선의 주머니 입구, 왼쪽 옆선의 고무줄 통로 입구를 남기고 옆선을 봉합한다

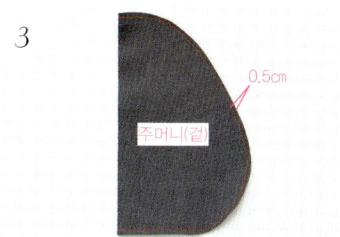

3. 주머니를 안끼리 맞대어 봉합한다

4. 주머니를 안으로 뒤집고, 손가락을 넣어 시접을 가름솔한다

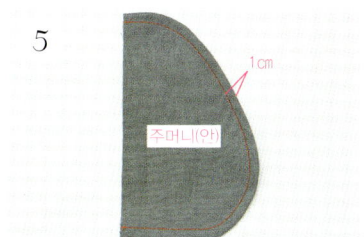

5. 겉끼리 맞대어 봉합한다

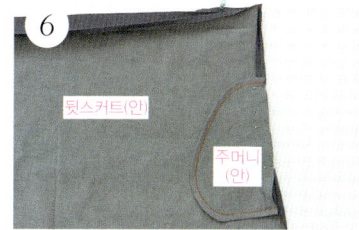

6. 앞스커트의 주머니 입구 시접에 주머니감 1장을 겉끼리 맞대고, 주머니 입구를 맞춘다

7. 안쪽의 주머니감을 젖히고 시침핀으로 고정한다

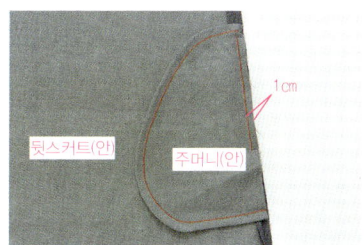

8. 주머니 입구를 봉합한다

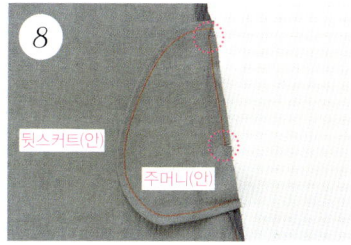

9. 주머니 입구의 시접에 가윗집을 준다

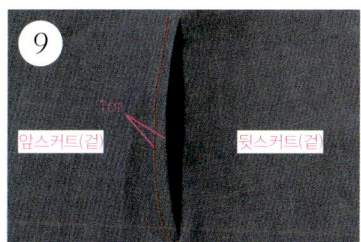

9. 겉으로 뒤집어 겉에서 앞스커트의 주머니 입구에만 상침한다

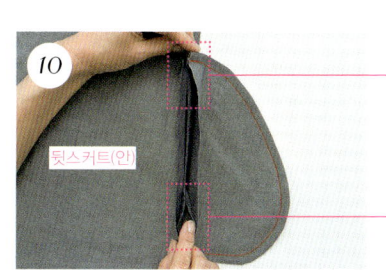

10. 시접을 뒷스커트쪽으로 넘긴다

11

앞·뒤스커트와 주머니의 옆선을 봉합한다

Memo
주머니 입구를 포함해서 봉합하지 않도록 주의하세요!

12

반대쪽도 3~11과정과 같은 방법으로 주머니를 단다

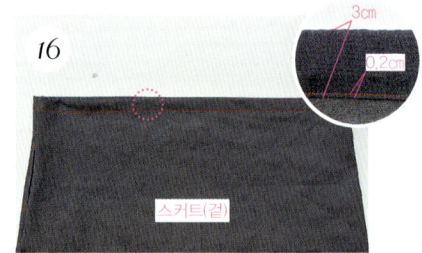

13

양 옆선의 완성선에서부터 밑단까지 지그재그봉합 또는 오버록 통솔처리하고, 허리의 완성선 시접에 가윗집을 준다

[스커트의 허리를 정리한다]

14

뒷스커트를 젖혀 앞스커트에만 주머니 입구의 위·아래에 되돌아박기한다

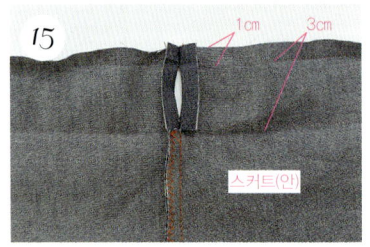

15

스커트의 허리 시접을 가름솔하고, 허리를 1cm, 3cm 두 번 접는다

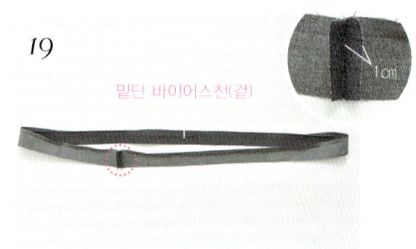

16

허리둘레를 상침한다

[스커트의 밑단에 주름을 잡는다]

17

밑단의 주름 잡는 곳에 큰 땀으로 두 줄 봉합한다

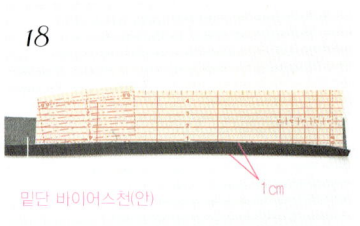

18

밑단 바이어스천의 아래쪽 시접을 1cm 안으로 접는다

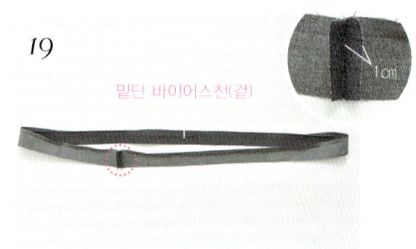

19

겉끼리 맞대어 옆선을 봉합한다

20

스커트의 안과 밑단 바이어스천 겉을 맞대고 앞·뒤중심, 양 옆선을 맞춰 시침핀으로 고정한다(18에서 시접을 접은 쪽이 아래가 되도록 맞댄다)

21

밑단 바이어스천의 길이에 맞춰 스커트에 주름을 잡는다

22

한 쪽 옆선의 좌우로 주름을 잡은 모습. 다른 한 쪽의 옆선에도 같은 방법으로 주름을 잡는다

밑단 바이어스천과 스커트를 안에서 봉합하고, 큰 땀으로 봉합한 실 두 줄을 제거한다

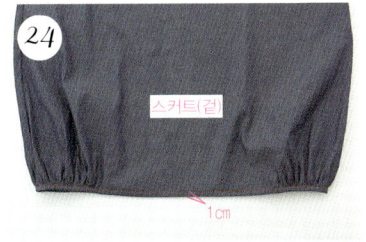

밑단 바이어스천을 겉으로 뒤집어 시접을 감싸 상침한다

[스커트의 허리에 고무줄을 통과시킨다]

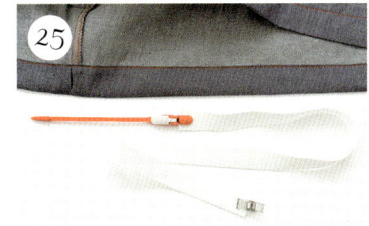

고무줄의 끝은 고무줄 통로 입구에 들어가버리지 않도록 클립으로 고정한다

고무줄 통로 입구를 통해 고무줄을 통과시킨다

허리에 맞춰 고무줄 길이를 조절하고, 양 끝을 겹쳐 N자로 고정 봉합한다

Finish!

[플레어 스커트의 경우]   ※ k 벌룬 스커트의 1~16과정과 같은 방법으로 만든다

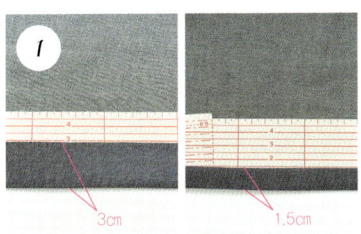

밑단을 3cm, 1.5cm 두 번 접는다

밑단을 상침하고 25~27과정과 같은 방법으로 고무줄을 통과시킨다

Finish!

m

슬리브리스 원피스
Photo p.26

옆스커트에 고무줄을 넣어 몸에 딱 맞아떨어집니다.
칼라는 [바이어스 처리]하고,
소매는 [안바이어스 처리]합니다.

[완성 사이즈]
* 왼쪽에서부터 S/M/L/LL사이즈
* 가슴둘레 88/91/97/103cm
* 옷길이 108/111/117/118cm

[재료]
* 왼쪽에서부터 S·M/L·LL사이즈
* 겉감(리넨)…135cm폭×230/250cm
* 고무줄…0.8cm폭×20cm

실물크기 패턴 D면

[준비-암홀둘레 바이어스천을 만든다]

재단한 바이어스천을 12mm의 바이어스 메이커로 암홀둘레 바이어스천을 만든다

[준비-목둘레 바이어스천을 만든다]

목둘레 바이어스천의 아래쪽 시접을 1cm 안으로 접는다

[몸판의 어깨를 봉합한다]

1

앞·뒤몸판을 겉끼리 맞대고, 어깨를 봉합한 후, 시접을 지그재그봉합 또는 오버록 통솔처리하고 뒷몸판쪽으로 넘긴다

[목둘레를 바이어스 처리한다]

2

목둘레 바이어스천의 시작을 1cm 안으로 접고, 오른쪽 어깨선에서부터 맞춰 간다. 몸판과 바이어스천의 끝을 맞춰 고정하고, 시작과 끝을 맞닿게 접는다

3

바이어스천의 끝을 완성선에서 1cm 남기고 자른다

4

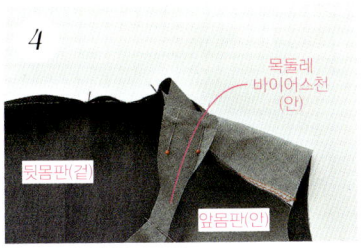

시작과 끝의 시접 2장을 함께 시침핀으로 고정한다

5

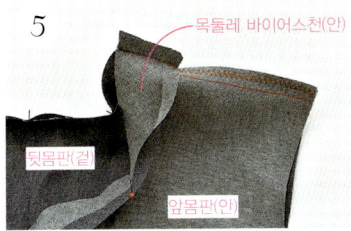

바이어스천을 겉끼리 맞대고 옆선을 봉합한다

6

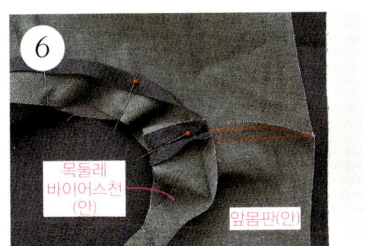

시접을 가름솔하고, 시침핀으로 다시 고정한다

7

목둘레를 봉합한다

8

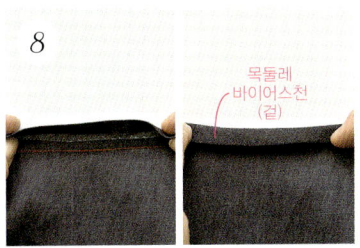

7의 시접을 감싸듯이 목둘레 바이어스천을 접는다

[암홀둘레를 바이어스 처리한다]

9 클립으로 고정한다

10 상침한다

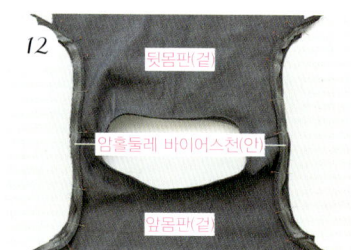
11 몸판의 암홀둘레의 완성선과 바이어스천의 접음선을 겉끼리 맞대어 고정한다

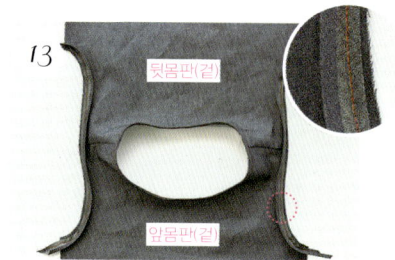
12 반대쪽의 소매에도 바이어스천을 맞춰 고정한다

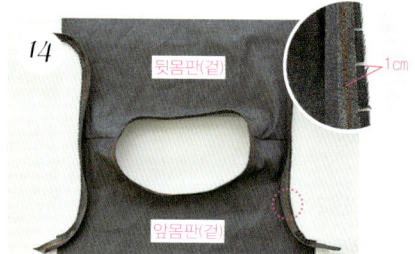
13 암홀둘레의 완성선을 봉합한다

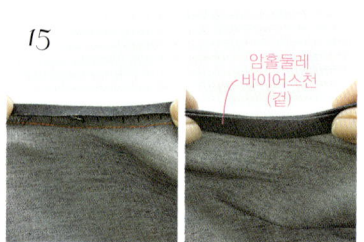
14 몸판의 시접에 가윗집을 준다. 곡선이 심한 곳에는 촘촘하게 가윗집을 준다

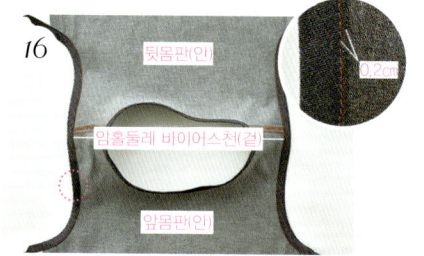
15 암홀둘레 바이어스천을 전부 안으로 넘긴다

16 상침하고 바이어스천의 여분을 잘라 정리한다

[몸판과 옆스커트를 연결한다]

17 옆스커트의 암홀둘레를 1cm, 1.5cm 두 번 접고 상침한다

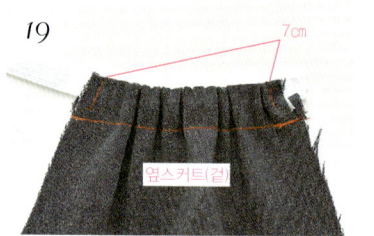
18 옆스커트의 암홀둘레에 고무줄을 통과시키고 시접에 임시고정 봉합한다

19 7cm가 되도록 주름을 잡아 반대쪽도 임시고정 봉합한다

20 앞몸판과 왼쪽 옆스커트를 겉끼리 맞대고 봉합한 후, 시접을 지그재그봉합 또는 오버록 통솔처리한다

시접을 왼쪽 옆스커트쪽으로 넘기고, 고정 봉합한다. 겉에서 본 모습

안에서 본 모습

반대쪽도 20~21과정과 같은 방법으로 뒷몸판과 봉합한다

[스커트의 밑단을 정리한다]

[끈을 만든다]

오른쪽 옆스커트도 17~22과정과 같은 방법으로 봉합한다

밑단을 1cm, 2cm 두 번 접어 상침한다

위쪽의 1/4을 접는다

한 쪽 끝의 옆선을 1cm 안으로 접는다

위쪽을 다시 한 번 접는다

아래쪽의 원단 끝을 접어올려 안으로 넣는다

모양을 정리한다
※반대쪽도 26~28과정과 같은 방법으로 접는다

ㄷ자로 상침한다

Finish!

n

라운드 칼라 블라우스
Photo p.28

michiyo's advice

디자인과 만드는 방법이 포인트가 되는 라운드 칼라. 이 작품에서는 입었을 때 보이는 쪽을 [겉칼라]라고 표현하고 있습니다.

[완성 사이즈]
* 왼쪽에서부터 S/M/L/LL사이즈
* 가슴둘레 93/96/102/108cm
* 옷길이 57/58/60/61cm
* 화장길이(뒷목중심에서부터) 41.4/42.2/43.8/44.2cm

[재료]
* 왼쪽에서부터 S/M/L/LL사이즈
* 겉감(도트무늬 코튼 리넨) …110cm폭×160/170/190/200cm
* 접착심(소잉심지)…50cm폭×50cm
* 단추…1.2cm폭×5개

실물크기 패턴 A면

[재단배치도]
* 지정 이외의 시접은 1cm
* 목둘레 바이어스천은 직접 제도하여 사용합니다
* ▒ = 접착심(소잉심지)를 붙인다

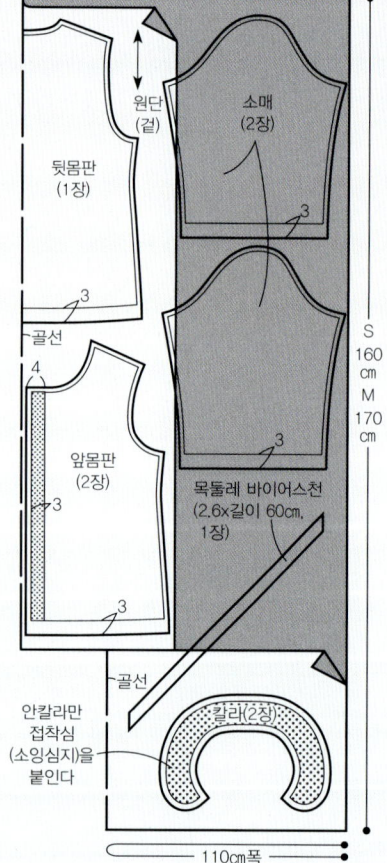

S·M 사이즈

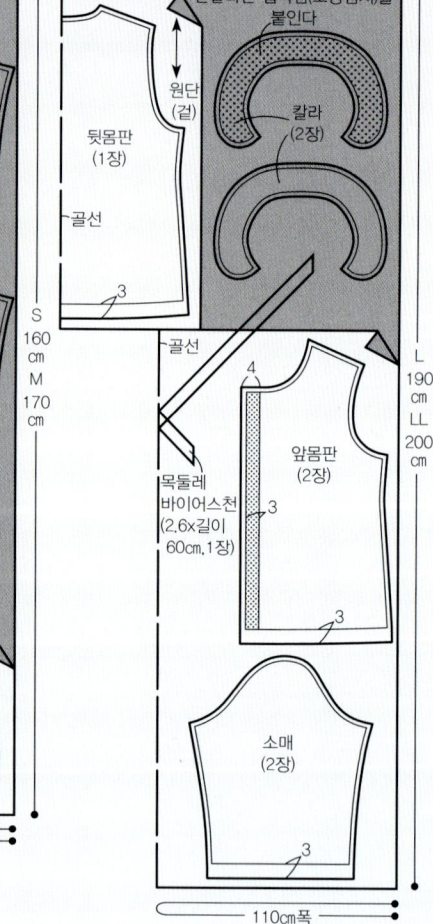

L·LL 사이즈

[준비-접착심(소잉심지)을 붙인다]

앞몸판의 앞끝, 안칼라의 안쪽에 접착심(소잉심지)을 붙인다

[준비-지그재그봉제 또는 오버록 처리한다]

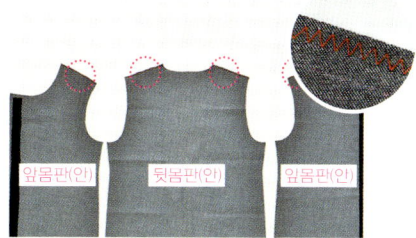

앞·뒷몸판의 어깨에 지그재그봉제 또는 오버록 처리한다

[준비-바이어스천을 만든다]

재단한 바이어스천을 12mm의 바이어스 메이커로 목둘레 바이어스천을 만든다

[칼라를 만든다]

1
겉·안칼라를 겉끼리 맞대어 봉합한다

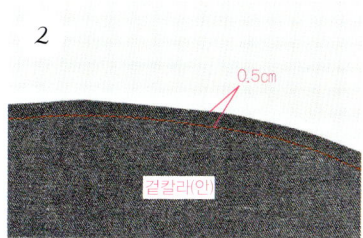

2
봉합한 시접을 0.5cm 남기고 자른다

3
겉으로 뒤집어 상침한다

[몸판에 소매를 달고 옆선을 한 번에 이어서 봉합한다]

4
앞·뒷몸판을 겉끼리 맞대고 어깨를 봉합한 후, 시접을 가름솔한다

5
몸판과 소매를 겉끼리 맞대어 암홀둘레를 시침핀으로 고정한다

6
암홀둘레를 봉합하고, 시접을 지그재그봉합 또는 오버록 통솔처리한다

7
오른쪽 소매도 5~6과정과 같은 방법으로 봉합하고, 시접은 몸판쪽으로 넘긴다

8
몸판과 소매의 옆선을 한 번에 이어서 봉합한다. 소매 밑단과 몸판 밑단의 완성선의 위치에 가윗집을 주고 나서 시접을 지그재그봉합 또는 오버록 통솔처리한다

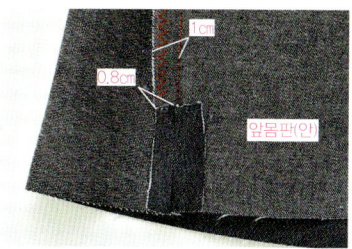

지그재그봉합 또는 오버록 통솔처리한 부분의 시접은 뒷몸판쪽으로 넘기고, 가윗집을 준 시접은 가름솔한다

[소매의 밑단을 정리한다]

소매의 밑단을 1cm, 2cm 두 번 접어 상침한다

[앞몸판의 앞끝을 정리한다]

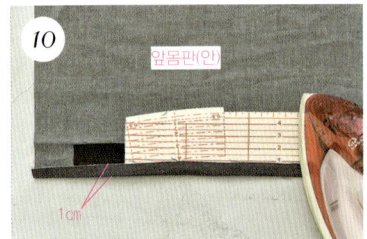

앞몸판의 앞끝 시접을 1cm 안으로 접는다

한 번 더 3cm 겉으로 접는다

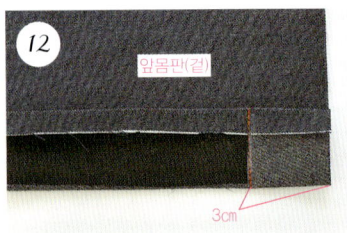

앞끝의 밑단을 봉합한다

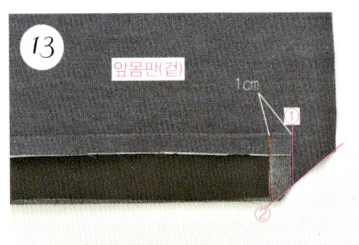

①→②의 순서대로 자른다
※반대쪽도 같은 방법으로 만든다

[몸판에 칼라를 단다]

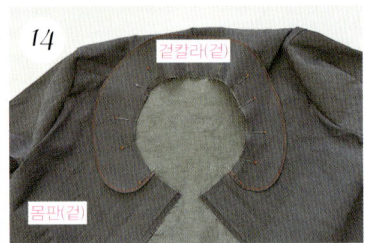

몸판에 칼라를 겹친다. 칼라의 양 끝은 앞중심선에 맞춘다

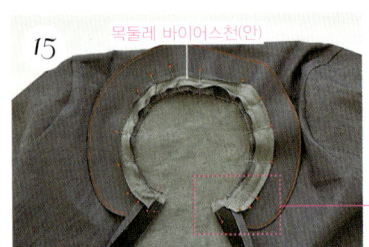

앞몸판의 앞끝 시접을 겉끼리 맞대어 접는다.
목둘레 바이어스천을 칼라에 겹친다

바이어스천의 끝은 앞중심에 맞추고, 바이어스천의 접음선과 목둘레의 완성선을 맞춘다

목둘레의 완성선을 봉합한다

시접에 가윗집을 준다. 곡선이 심한 곳에는 촘촘하게 가윗집을 준다

목둘레 바이어스천을 접어 올린다

목둘레 바이어스천을 전부 몸판의 안쪽으로 넘긴다

20

앞끝의 모서리에 손가락을 넣어 겉으로 뒤집는다

21

모양을 정리한다

안에서 본 모습

[전체의 시접을 정리한다]

22

목둘레 바이어스천을 정리하여 시침핀으로 고정한다

23

앞끝의 아래쪽 모서리도 20과 같은 과정으로 뒤집고, 밑단은 1cm, 2cm 두 번 접어 시침핀으로 고정한다

24

오른쪽 앞몸판의 밑단에서부터 상침을 시작히고, 칼라, 왼쪽 앞몸판, 밑단을 상침한다

[몸판에 단춧구멍을 뚫고, 단추를 단다]

25

오른쪽 앞몸판에 단춧구멍을 만든다. 시침핀을 꽂아, 실뜯개로 단춧구멍을 뚫고, 단추를 단다

Finish!

May Me
이토 미치요

[심플하고 귀여운 디자인으로 오래 애용할 수 있는 마음에 드는 한 벌]을 컨셉으로 여성복을 디자인하고 제작하고 있다. 입기 편하면서 센스 넘치는 디자인으로 호평을 받고 있고, 따뜻한 인품으로 보그학원 강사로서의 인기도 높다. May Me(메이미)는 태어난 달인 5월의 "May"와 나의 "Me"를 합친 조어이다. 저서로 [핸드메이드 사계절 리넨 여성복 25], [쉽고 편안한 여성복 만들기]가 있다.
http://www.mayme-style.com/

번역 손수현

대학에서 일본어 전공 후 국내 최대 소잉관련회사에서 DIY서적 담당MD 및 번역가로 수년간 근무, 현재는 소잉DIY 관련 도서 전문 번역가로 활동하고 있다. 옮긴 책으로는 《직접 만드는 나만의 핸드메이드 스커트 25》, 《리넨으로 만드는 오버핏 여성복 20》, 《입을 때마다 행복한 핸드메이드 여성복》, 《내 손으로 만드는 데일리 백팩 25》, 《직접 만들어 입는 사계절 남성복》 등이 있다.
sonsyun@naver.com

매일 입고 싶은
핸드메이드 여성복 만들기

초판 1쇄 인쇄	2020년 02월 03일
초판 1쇄 발행	2020년 02월 13일

발행인	정용효
기획	이슬희, 유윤경
번역	손수현
감수	브라이언
편집	전하리
인쇄	웰컴P&P
신고번호	제2016-000002호
신고일자	2016년 01월 26일
발행처	주)핸디스 소잉스토리
	광주광역시 북구 서암대로 133 (신안동), 3층
대표전화	062-513-8957
팩스	062-522-8827
문의전화	070-8893-9218
홈페이지	소잉스토리 www.sewingstory.com

Printed in Korea
ISBN   979-11-88062-29-4   13590
판매가   17,000원

※ 잘못 인쇄된 책은 구입처에서 교환해 드립니다.
※ 소잉스토리는 소잉 D.I.Y 취미실용서를 출간합니다.

이 도서의 국립중앙도서관 출판예정도서목록(CIP)은 서지정보유통지원시스템 홈페이지(http://seoji.nl.go.kr)와 국가자료공동목록시스템(http://www.nl.go.kr/kolisnet)에서 이용하실 수 있습니다.
(CIP제어번호 : CIP2020003645)

STAFF

북디자인	塙 美奈 (ME&MIRACO)
촬영	回里純子
만드는 방법 촬영	亀和田良弘 (本社写真編集室)
스타일링	石井あすか
헤어메이크업	吉川陽子
모델	Kanoco (BARK in STYLe)
패턴 편집	三宅愛美
패턴 그레이딩	渋谷智子
교열	滄流社
편집	小柳良子
편집인	石田由美
발행인	永田智之
발행소	株式会社 主婦と生活社

May Me NO TSUKUTTE MAINICHI KITAI FUKU by Michiyo Ito
© 2018 MICHIYO ITO
First published in Japan in 2018 by Shufu To Seikatsu Sha Co., Ltd.
Korean translation rights reserved by Handis corp.
under the license from Shufu To Seikatsu Sha Co., Ltd.
through KJ Hobby

이 책의 한국어판 저작권은 Shufu To Seikatsu Sha와의 독점 계약으로 주)핸디스에 있습니다. 신저작권법에 의해 한국 내에서 보호를 받는 저작물이므로 무단전재와 무단복제를 금합니다.

초보자의 눈으로 개발하는
실물 패턴전문 브랜드 패턴인!

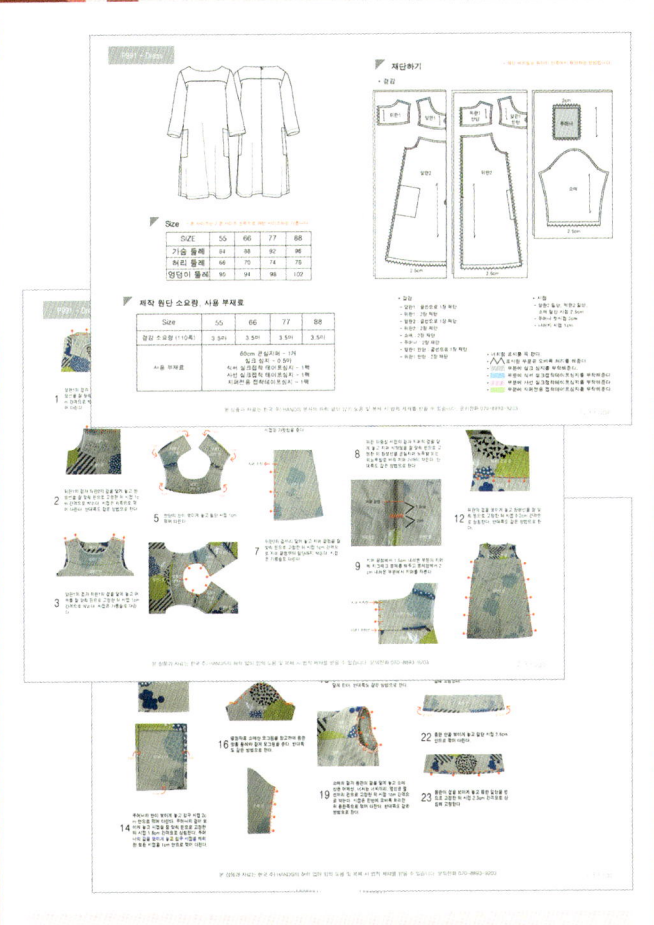

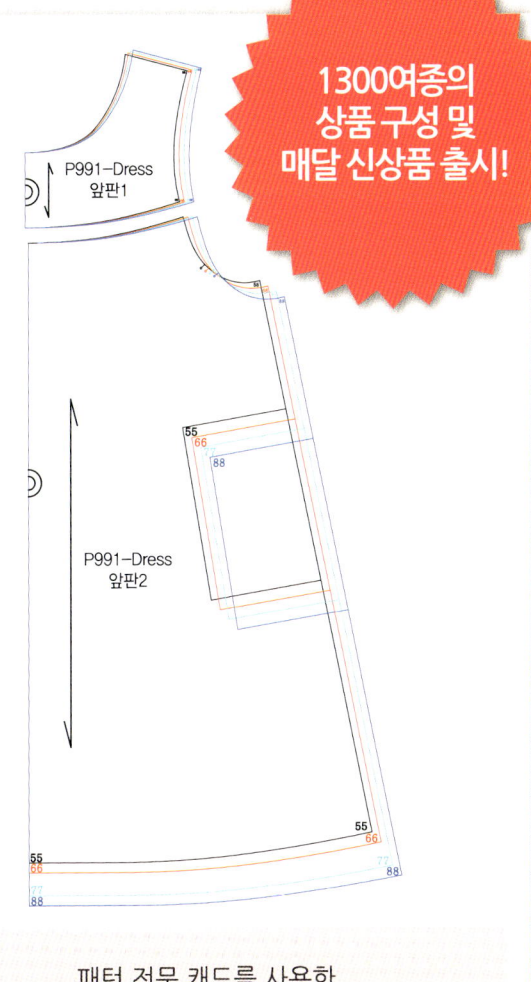

1300여종의 상품 구성 및 매달 신상품 출시!

재단배치도부터 소잉 팁까지
꼼꼼한 사진 제작 설명서와 웹 제작 설명서로

쉽고 재미있게!

패턴 전문 캐드를 사용한
전 사이즈 실물 패턴과 사이즈별 컬러선으로

깔끔하고 편리하게!

아래의 구매처에서 패턴인의 모든 상품을 만나 보세요!

패션스타트
패션스타트NCC 대리점

심플소잉
심플소잉NCC 대리점

퀼트스타

천가게 / 천싸요 / 인패브릭 / 앤쏘라이프 / 선퀼트 / 아이러브아이웃 / 원단천국 / 원단1번지 / 천나라 / 네스홈 / 코튼빌

리투아니아 헤링본
Lithuaina Linen

북유럽 린넨만이 가질 수 있는 고급스러운 색감과
워싱가공으로 소프트하고 빈티지한
린넨원단의 매력을 더했습니다.

리투아니아 린넨만의 최고급 퀄리티를 만나보세요.
인체 건강에 좋은 친환경 소재로 민감한 피부에 좋습니다.
톡톡한 질감이 매력적인 린넨원단의 매력에 빠져보세요.

리투아니아 헤링본 3종

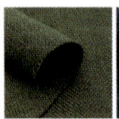  

심플소잉 NCC 오프라인 매장

경기지역	화성동탄점, 분당수내점, 수원영통점, 수지신봉점, 경기광주오포점, 평택소사벌점, 이천상진점, 안양동편마을, 일산주엽점, 수원광교점, 용인죽전점, 남양주별내점, 인천구월점, 서울롯데마트구로점
충청지역	천안백석점, 세종나성점, 청주가경점, 아산배팅점, 서산호수공원, 대진노은점, 청주율량점, 천안신방점, 제천중앙점
경상지역	상위남양점, 안동북문점, 울산남구점, 포항내이점, 김해내외점, 동래온천점, 양산물금점, 울산성안점
전라지역	광주충장점, 순천동외점, 광주점단점, 광주시청점, 목포하당점, 여수엑스포점, 나주빛가림점, 전주송천점, 군산지곡점
강원지역	원주중앙점

온라인 www.simplesewing.co.kr   고객센터 1644-5744   오프라인 www.simplesewing.co.kr/offline/

심플소잉 광주 첨단점 이전을 축하합니다!

Simple  Sewing
Natural Sewing Life 심플소잉

내 삶의 즐거움과 행복을 너해주는 심플소잉 대리점

경인지역
화성 동탄점 070-4190-3830, 분당 수내점 031-711-0015, 용인 죽전점 031-265-0301
수지 신봉점 031-264-3769, 수원 영통점 031-273-9411, 평택 소사벌점 031-651-7794
일산 주엽점 031-906-6577, 이천 창전점 031-638-0251, 경기광주 오포점 031-767-6415
수원 광교점 031-211-3885, 인천 구월점 032-233-0708, 남양주 별내점 031-572-7353
안양동편마을점 031-703-7249, 서울 구로점 02-6083-8585

충청지역
천안 백석점 070-4078-9135, 청주 가경점 043-232-0306, 청주 율량점 043-900-3579
대전 노은점 070-7776-5337, 천안 신방점 041-579-7275, 아산 배방점 041-532-5476
서산호수공원점 041-665-0607, 제천 중앙점 043-642-3106, 세종 나성점 070-8820-8922

경상지역
김해 내외점 055-337-5744, 동래 온천점 051-365-1591, 울산 남구점 052-271-1188
울산 성안점 052-248-8671, 창원 남양점 055-263-5662, 안동 북문점 054-852-5662
포항 대이점 054-272-6349, 양산 물금점 055-388-3636

전라지역
광주 충장점 062-225-5662, 광주 첨단점 062-653-2335, 순천동외점 061-900-9965
목포 하당점 061-287-8155, 군산 지곡점 063-468-6338, 전주 송천점 063-278-1088
나주 빛가람점 061-336-6055, 여수 엑스포점 061-642-0427, 광주 시청점 062-375-0525

누구나 생각하던 일반적인 공방이 아닙니다.

소잉에 필요한 원단, 부재료, 패턴, 서직의
다양하고 풍성한 상품구성 공간!

그동안 눈으로만 봤었던 "재봉틀(미싱)"을
샵에서 직접 만져보고 체험할 수 있는 공간!

본사의 체계적인 관리와 교육을 마스터한 전문강사와
다양한 과정의 수준높은 소잉교육공간!

눈으로 보고, 손으로 만져보고, 몸으로 체험하는
국내 최초 신개념 소잉 복합공간, 소잉DIY멀티샵입니다.

심플소잉 대리점은
소잉을 통한 즐거움과 행복으로
더욱 풍성해지고 가치있는 삶을 전해드립니다.

대리점 개설 상담 및 문의
코하스아이디 가전사업부
1644-5662

nccmising.com

Fashion Start
Clothes D.I.Y Shop

패션스타트는 원단, 부자재, 패턴/서적 그리고 미싱 등
19,000여종의 의상 및 소잉 DIY 상품을 갖추고 있으며,
소잉을 처음 시작하는 분부터 고급 수준의 고객님까지
DIY를 사랑하는 모든 분들과 함께 하고 있습니다.
행복한 소잉의 모든 것, 여기는 패션스타트입니다.

패션스타트의 다양한 상품과 스타일,
그 밖에 특별혜택을 지금 바로
사이트에서 확인해보세요.

www.fashionstart.net   T. 1644-8957

▲ 사이트 바로가기

Creative Happy Life
QUILT STAR

퀼트스타 사이트 바로가기

DIY의 모든것
퀼트스타 쇼핑몰

퀼트스타는 유와 공식 에이전시로 일본수입원단과 미국수입원단을 판매하고 있으며,
DIY 패키지, 부자재, 서적, 패턴, 미싱을 판매하고 있는 DIY전문 쇼핑몰입니다.
문의전화 : 1644-8755 [도매문의] / www.quiltstar.co.kr

DIY 패키지

자수패키지

일본/미국 수입원단

부자재

서적/패턴

미싱

Happy Bears
Sewing Notion

For your happy sewing

FROM HAPPY BEARS

직접 만들어서 더 의미있는 DIY 작품은 어떤 마음을 가지고 만드냐에 따라서 그 가치가 또 달라지는 것 같아요. 누군가를 걱정하고, 아끼고, 사랑하는 마음을 담아 완성 한다면 그 마음까지 함께 고스란히 전해지는 것이 손으로 직접 만드는 핸드메이드(HAND MADE)가 아닐까 생각됩니다 :-)

해피베어스 역시 소잉 DIY를 하는 모든 사람들을 위하는 마음을 담아 소잉작업에 필요한 좋은 상품(Product)을 고민하여 보다 더 멋진 작품을 완성할 수 있고, 늘 즐겁고 행복한 작업시간을 가질 수 있도록 가치있고, 실용적인 다양한 소잉 부자재를 기획하는데 노력하고 있습니다.

01 작품의 완성도와 품격을 UP↑
프라임 소잉전용실

의상, 소품, 홈패션, 미싱퀼트/자수 등 작품 구분없이 사용 가능하며 일반 원단부터 론(아사), 시폰, 수영복원단, 다이마루, 모직 등 다양한 원단을 봉제할 수 있는 멀티실입니다. 코어(CORE)사로 일반 폴리에스터실에 비해 내구성이 Good! 파인 프라임(53수2합/얇은 원단용), 프라임(45수2합/일반 원단용), 스티치 프라임(29수3합/두꺼운 원단용) 총 3종으로 구성.

SIZE 약 바닥 3 X 높이 5cm
파인 프라임/프라임(400m), 스티치 프라임(200m)
PRICE 2,400~2,600 won

02 꽃잎처럼 부드럽고 가벼운
라라실 (고급 날나리실)

다이마루, 저지, 수영복 원단 등 스판성 있는 원단을 봉제하거나 퀼팅 작업시 밑실 전용으로 사용하기 좋고, 가장자리 오버룩 및 인터록 처리시 더욱 고급스럽게 마무리 할 수 있습니다. 보송보송 부드러운 촉감으로, 아이들 피부에도 자극이 없습니다.

SIZE 약 바닥 3 X 높이 5cm / 100D/2 / 350m
PRICE 2,500 won

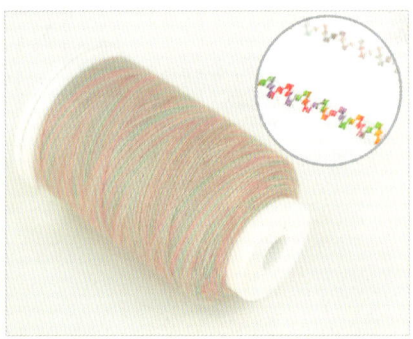

03 달달한 분위기를 더해요
마시멜로 무지개실

실 한가닥에 다채로운 색상이 그러데이션 되어 있어 무척 매력적인 무지개실. 미싱퀼트, 미싱자수, 의상, 소품, 홈패션 등 다양한 작품에 사용할 수 있는 달콤한 멀티실입니다. 일반 무지개실과 달리 실 중심에 나일론사가 들어있는 코아샤(코어사)로 내구성 또한 good! 총 10컬러 구성.

SIZE 약 바닥 3 X 높이 5cm / 45수 2합 / 400m
PRICE 2,500 won

04 귀엽지만 할일은 다하는
와이즈 소잉웨이트

제도, 재단 등의 마름질 작업시 이리저리 움직이는 작업물을 고정해주는 문진입니다. 작은 손에도 쏙 들어오는 그립감과 포갤 수 있는 실용적인 디자인으로 무게감을 더해서 작업할 수 있고, 복수보관할 수 있습니다.

SIZE 바닥 약 5.5 X 높이 약 3.8cm / 무게 약 400g
PRICE 6,000 won

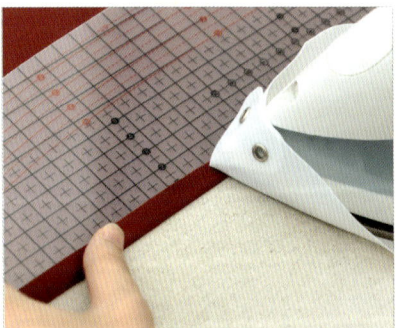

05 덕분에 작업시간이 줄었어요
아이론 시접자

아이론 시접자는 고열에 녹지 않는 특수 열경화성 아크릴 소재로, 직선, 곡선, 완만한 곡선, 각지거나 둥근 모서리 부분 등 거의 모든 시접 부분을 한번에 손쉽게 다릴 수 있는 스마트한 시접자입니다. 원단을 꺾어 원하는 치수에 재단선을 맞춘 다음, 꺾인 부분을 다려주세요. 2가지 사이즈 구성.

SIZE 약 20 X 10cm / 약 30 X 10cm / 두께 약 0.4mm
PRICE 9,000 / 12,000 won

06 모눈 디자인으로 더 똑똑하게!
그리드(모눈) 부직포 패턴지

흔하지 않은 핑크색 모눈 눈금으로, 선이 선명하며 1cm(굵은 실선), 5mm(십자, 점선)로 표시되어 구분하기 쉽습니다. 눈금이 있어 쉽게 면적 계산을 할 수 있고, 원단 소요량 측정이 가능하며, 깔끔하게 롤로 말려 있어서 퀼트나 의류 패턴 작업 등 다양한 작업 시 편리하고 오래 사용할 수 있습니다.

SIZE 약 폭 50cm, 총 길이 27m(2,700cm)
PRICE 26,500~71,000 won

〈상품구매처〉 패션스타트/ 패션스타트NCC 대리점/ 심플소잉/ 심플소잉NCC 대리점/ 퀼트스타/ 그 외 온·오프라인

NCC 미싱
Korea Sewing Leading Brand
대한민국 소잉 대표 브랜드

"소잉 미싱의 새로운 기준"
소잉 파이오니아 CC-1877

Sewing Pioneer

제품전체가
특수합금 통주물 구조로
제작되어
뛰어난 힘 & 내구성

작품 제작 크기에
구애받지 않는
넓고 편리한 작업공간

원터치 침판 교체 & "일반,
직선, PRO 전용 침판"을
활용하여 어떠한 상황에서도
최상의 봉제 퀄리티를 구현

최고급 **"디지털 미싱"**의
다양한 편의기능
200가지 패턴, 액정표시창,
LED 전구, 버튼 & 다이얼
기기조작

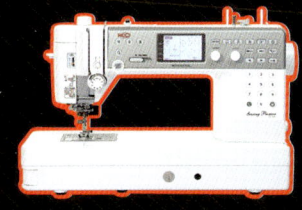 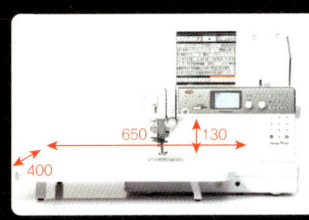 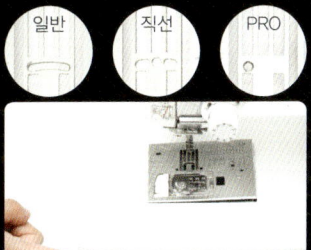 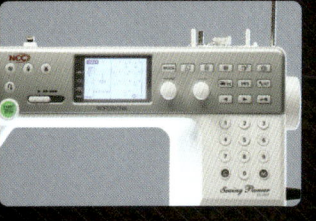

Sewing Harue
소잉 하루에

소잉스토리는 소잉 D.I.Y. 서적을 출간하는 소잉 전문 출판사입니다.
<소잉 하루에> 시리즈는 소잉스토리의 대표 개발서적 시리즈로,
각 서적에는 All Color 사진 설명서 / 일러스트 제작 설명서가 들어있어
초보자들도 쉽게 따라 만들 수 있습니다.
각 사이즈별로 그레이딩된 실물크기 패턴도 함께 들어있습니다.

[Vol.23] 정성이 깃든 우리 가족 한복 만들기

'정성이 깃든 우리 가족 한복 만들기'라는 주제로 '아동 전통 한복', '아동 생활 한복', '성인 한복', '한복 소품' 총 4가지 테마의 작품 28종이 수록되어 있습니다. 모든 작품의 설명이 All Color 일러스트 제작 설명서로 들어있고 소잉 팁과 한복 제작을 위한 하루에 팁도 수록되어 있어 쉽고 즐겁게 작품을 만들 수 있도록 도와줍니다. 우리 가족의 전통 한복부터 생활 한복, 소품까지 다양한 작품들을 만들어보세요!

28작품 수록 / 142쪽
실물크기 패턴 2매(4면) 28종 수록 /
정가 16,000원

[Vol.22] 미네와 함께 하는 우리 가족 소잉 소품과 의상

'일상에서 함께 하는 우리 가족 소품'이라는 주제로 '나를 위한 소잉', '내 아이를 위한 소잉', '배우자를 위한 소잉' 총 3가지 테마의 작품 39종이 수록되어 있습니다. 모든 작품의 설명이 All Color 일러스트 제작 설명서로 들어있고, Sewing Tip과 소품 제작을 위한 Zipper Tip도 수록되어 있어 쉽고 즐겁게 작품을 만들 수 있도록 도와줍니다. 행복한 일상을 만들어 줄 다양한 아이템들을 만나보세요!

39작품 수록 / 184쪽
실물크기 패턴 2매(4면) 39종 수록 /
정가 17,000원

[Vol.21] 리넨으로 만드는 엄마와 딸의 커플룩 36

엄마와 딸이 함께 입을 수 있는 커플룩을 소개합니다. '데일리 룩', '피크닉 룩', '리빙 룩', '커플 아이템' 4가지 테마의 작품 36종이 수록되어 있습니다. 소잉에 필요한 다양한 팁을 소개하고 All Color 일러스트 제작 설명서가 들어있어 쉽고 즐겁게 작품을 만들 수 있도록 도와줍니다. 나와 아이가 함께할 커플룩을 만들어 소중한 추억을 남겨보세요!

36작품 수록 / 136쪽
실물크기 패턴 2매(4면) 34종 수록 /
정가 16,000원

[Vol.13] 오버록 미싱으로 만드는 핸드메이드 아이옷(개정판)

오버록 미싱으로 간단하게 만드는 아이옷을 소개합니다. '일상복', '외출복', '홈웨어&언더웨어'의 3가지 테마로 총 24가지의 다양한 아이템이 수록되어 있으며, All Color 일러스트 제작 설명서와 전 작품 실물크기 패턴, 아이를 위한 귀여운 액세서리 만드는 법이 담긴 하루에 팁을 소개하고 있어 초보자들도 쉽고 즐겁게 만들 수 있도록 도와줍니다. 우리 아이의 귀여운 옷을 직접 만들어 주세요!

28작품 수록 / 102쪽
실물크기 패턴 2매(4면) 28종 수록 /
정가 14,000원

[Vol.20] Man & Kid Clothes 트렌디한 남성복 만들기

이지 캐주얼 스타일의 다양한 남성복을 소개합니다. 티셔츠, 셔츠, 팬츠, 자켓, 소품 등 다양한 아이템들이 수록되어 있으며, 아이와 함께 입을 수 있는 아이템도 수록되어 있습니다. 소잉에 필요한 다양한 팁을 소개하고 사진 제작 설명서와 All Color 일러스트 제작 설명서가 들어있어 쉽고 즐겁게 작품을 만들 수 있도록 도와줍니다. 세상에 하나뿐인 옷을 만들어 소중한 사람에게 선물해 보세요.

29작품(아동 6작품) 수록 / 124쪽
실물크기 패턴 2매(4면) 29종(아동 6종) 수록 /
정가 15,000원

<소잉 하루에> 시리즈

[Vol.10] 매일매일이 행복한 아기옷 바느질
[Vol.11] 진짜 쉬운 머신소잉의 기초
[Vol.12] 내 손으로 만드는 사랑스러운 우리아이 한복(신개정판)
[Vol.14] 마리앤느의 핸드메이드 에이프런(개정판)
[Vol.15] 그녀들이 만드는 행복한 홈인테리어
[Vol.16] 여우꼬리가 들려주는 행복한 자수 소품 이야기
[Vol.17] 처음 배우는 소잉 가방과 파우치 26
[Vol.18] 리넨으로 시작하는 여성복 만들기
[Vol.19] 트렌디한 소잉 DIY 클러치와 가방만들기

Homepage

패션스타트, 심플소잉, 퀼트스타 및 온/오프라인 서점에서 더 많은 핸디스 소잉스토리의 서적을 만나보세요!